COLLECTION ARTHUR

dirigée par
Alain BENTOLILA
François RICHAUDEAU

CM2
CYCLE 3

Emmanuël SOUCHIER
Enseignant-chercheur à l'ENST

Georges RÉMOND
IEN

Jean-Paul ROUSSEAU
Directeur d'école d'application

Martine DESCOUENS
Institutrice

l'Atelier de Lecture

NATHAN

Avant-propos

L'atelier de lecture CM2 est un cahier de soutien, d'entraînement et de perfectionnement de la lecture, pour les élèves de troisième année du cycle 3. Cet outil peut aider l'enseignant à mettre en place des ateliers de lecture, visant très spécifiquement à faire progresser les enfants dans les domaines où ils en ont le plus besoin.

I - LES OPTIONS PÉDAGOGIQUES RETENUES

• *Une vision claire et réaliste des objectifs*

Le cahier est organisé en 6 objectifs de lecture clairement identifiés (bien voir, prévoir, comprendre les mots, exercer sa mémoire...). Chacun vise le développement d'une aptitude-clé entrant en jeu dans l'acte de lire. La page de présentation de chaque objectif, à travers une activité ludique, pourra servir de point d'appui pour expliquer aux enfants l'objectif visé. Dans le même souci de clarté, les titres des exercices ciblent l'objectif travaillé.

Objectif 1 : Je m'entraîne à bien voir
Cet objectif vise le développement d'une perception fine par le repérage de mots parmi d'autres dans un texte, par la lecture de phrases ou de textes avec contrainte visuelle, etc.

Objectif 2 : Je m'entraîne à prévoir
L'enfant développe ici ses capacités d'inférence, c'est-à-dire l'aptitude à anticiper, à dépasser le « perçu » pour appréhender le « sous-entendu ». À cet effet, il apprend à s'appuyer soit sur les autres données du document, soit sur ses connaissances personnelles et son bon sens.

Objectif 3 : Je comprends les mots
On vise ici l'enrichissement du bagage linguistique en mettant l'accent sur la synonymie, les contraires, les nuances de sens, et en alternant les situations en contexte et les situations hors contexte.

Objectif 4 : J'exerce ma mémoire
L'enfant développe ici l'aptitude à mémoriser l'information : informations isolées ou informations portées par la structure d'une phrase ou d'un texte, et qu'il faut retrouver sans pertes ou déformations.

Objectif 5 : Je lis pour chercher des informations
Il s'agit ici d'aider l'enfant à se doter de stratégies efficaces dans les situations, extrêmement fréquentes, de lecture-recherche.

Objectif 6 : Je m'entraîne à résumer
Est visé ici le développement de l'aptitude à synthétiser l'information pour en retenir l'essentiel, soit en triant le principal du secondaire, soit en transférant l'information sur d'autres mots qui la condensent.

• *Une vision claire des résultats*

Dans chaque objectif, les exercices sont classés en deux niveaux de difficulté (niveau ★ ou niveau ★★), le deuxième niveau prolongeant souvent les exercices du premier, à un degré de difficulté légèrement supérieur. Les niveaux ★ et ★★ sont séparés par une page de jeux constituant une « aire de repos » plaisante dans l'apprentissage (lire et rire ne diffèrent que d'une seule lettre !).
À la fin de chaque exercice, un codage simplifié des résultats permet à l'enfant

© Éditions Nathan - 9,rue Méchain - 75014 Paris - 1997 pour la première édition
© Nathan, 2004 pour la présente impression
ISBN 2.09.121153.2.

de visualiser ses réussites et, au-delà, d'apprendre peu à peu à s'auto-mesurer (le cahier contient, en son centre, un fascicule de corrigés détachable auquel l'enfant peut se reporter). En cochant la grille récapitulative figurant pages 4-5, l'enfant peut visualiser son parcours d'apprentissage, ses réussites et ses faiblesses.

• ***Un entraînement individualisé***

L'organisation très structurée du cahier permet de prendre en compte l'hétérogénéité de la classe en proposant à chaque enfant, à l'intérieur d'un même objectif, des niveaux d'activités en rapport avec ses compétences. De même, les 6 objectifs peuvent être abordés successivement ou en parallèle, selon les besoins des enfants et les choix de l'enseignant.

II - CONSEILS D'UTILISATION

1. La mise en œuvre des activités de lecture

Les exercices proposés gagneront à être conduits dans le cadre de consignes strictes et en temps mesuré. Ils doivent avoir toute leur place (mais rien que leur place) dans le puzzle complexe des activités à mettre en œuvre pour former de véritables lecteurs polyvalents.
L'utilisation de ce cahier ne se conçoit donc pas, selon nous, en dehors d'une pédagogie de la lecture qui fait alterner, dans de justes proportions, les activités de structuration et les activités en situation vraie. Cet ouvrage permet essentiellement la mise en œuvre des activités de structuration. Le bon usage du coin lecture ou des bibliothèques, la pratique de la lecture suivie, l'utilisation judicieuse des multiples occasions de lire qu'offre la vie d'une classe permettront la mise en œuvre des secondes.

2. L'explicitation des objectifs

Il est important de toujours expliquer aux élèves, avant de commencer un exercice, l'objectif visé. On sait en effet qu'un enfant comprend d'autant mieux un texte et réussit d'autant mieux une tâche qu'il a une vision claire du « pourquoi » il lit ou travaille.

3. La correction : temps d'élucidation des stratégies de lecture

Si les exercices proposés privilégient naturellement la lecture silencieuse, il nous paraît souhaitable que leur correction puisse donner lieu à l'oralisation de tout ou partie du matériau traité. Cette partie essentielle de l'activité sera l'occasion de définir les stratégies de travail les mieux adaptées et les comportements ou « gestes mentaux » les plus efficaces.

Nous espérons que ce cahier, comme les trois autres de la collection, répondra aux besoins et attentes des enseignants des cycles 2 et 3. Son ambition est d'enrichir, en la diversifiant, la palette d'activités que tout enseignant se doit de mettre en place pour que chacun de ses élèves devienne le *vrai lecteur* qu'on attend de lui, condition *sine qua non* d'une scolarité réussie.

Les Auteurs

Grille de suivi

Coche la case lorsque tu as terminé l'exercice.

Niveau ☆

Coche la case lorsque tu as terminé l'exercice.

Niveau ☆☆

Ton cahier de lecture

• **Dans ton cahier de lecture, tu vas lire et écrire. Mais tu vas aussi…**

cocher des cases	☒
entourer des mots ou des dessins	Boa - île - (lit) - cri.
barrer des mots ou des dessins	la ~~récréation~~
souligner des mots	la trousse
compléter des listes, des phrases ou des tableaux	attraper *boir* cacher
tracer une barre de couleur dans une phrase ou dans un texte	dessin | animé

• **Si tu veux devenir un bon lecteur, nous te conseillons :**

1. **avant l'exercice**
   – de bien lire la consigne afin de comprendre ce que tu dois faire.

2. **pendant l'exercice**
   – de répondre aux questions dans ta tête d'abord, sans rien écrire,
   – puis d'écrire ta réponse sur ton cahier avec un crayon de papier.

3. **après l'exercice**
   – de colorier les pastilles qui indiquent tes réussites et de comparer ton résultat avec ceux des exercices précédents.

Bonne lecture et bon travail !

OBJECTIF
1

Je m'entraîne à bien voir

Retrouve les cinq différences entre les costumes des deux clowns.

1 Les mots cachés (1)

Entoure, dans la valise, les mots qui sont soulignés dans le texte suivant.
Tu peux lire dans ce sens → et dans ce sens ↓.

Albert et Camille entrent en courant dans la gare, compostent leurs billets et demandent au contrôleur où se trouvent les places qu'ils ont réservées. « Dans le wagon 1, vers la locomotive, en tête du train », leur répond le contrôleur. Ils se dépêchent, mais Camille se cogne contre les bagages d'un monsieur. Sa valise tombe, s'ouvre et… regarde ce qu'on y trouve.

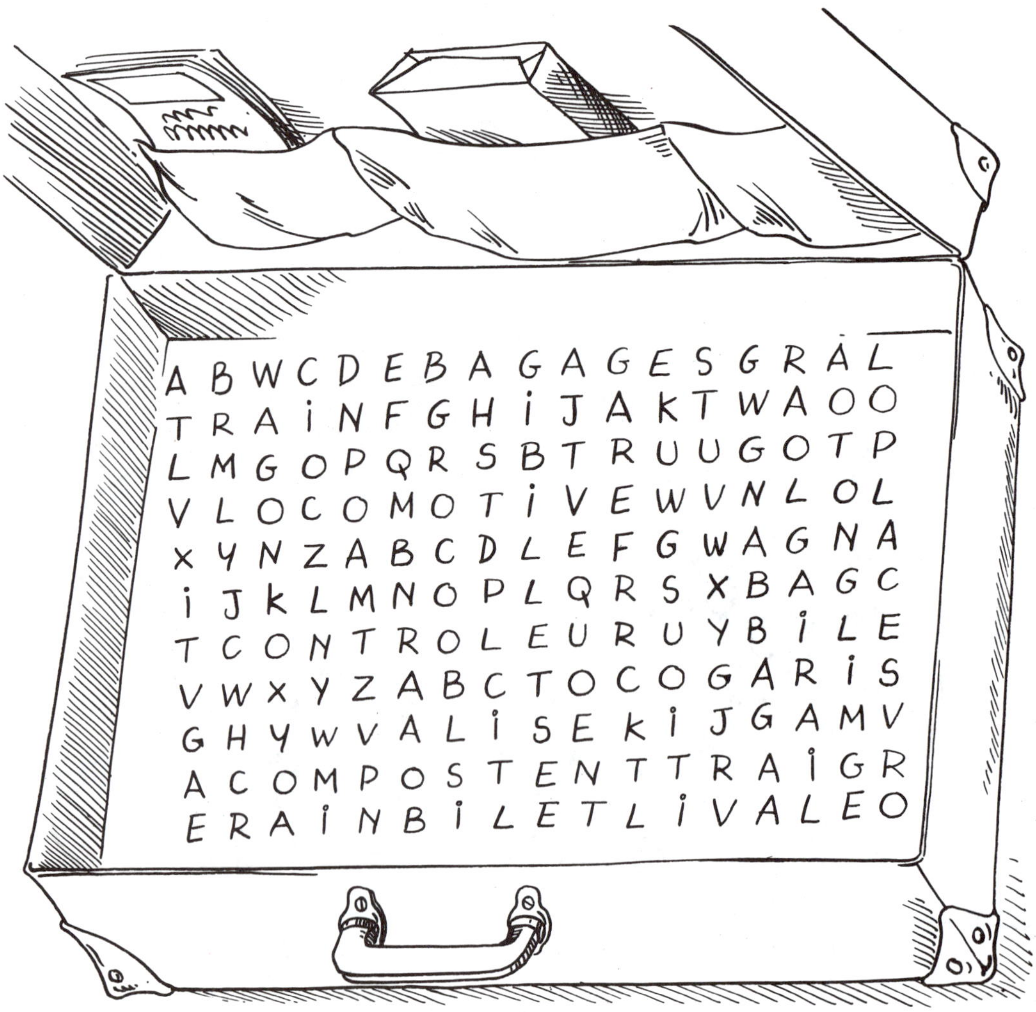

Compte tes bonnes réponses ____ puis colorie les pastilles : ○○○○

Plus de 8 → 4 pastilles	6 à 8 → 3 pastilles	3 à 5 → 2 pastilles	moins de 3 → 1 pastille

2 Les mots brûlés

Coche les morceaux de phrases qui sont extraits du document : « Regarder le Soleil ».

a ❑ Le Soleil, tu le connais, bientôt !
b ❑ tu pourrais devenir aveugle !
c ❑ Le filtre solaire
d ❑ Pour te permettre de percer les misères du Soleil…
e ❑ c'est lui qui te donne lumière et chaleur
f ❑ voici quelques observations simples à réaliser
g ❑ plus ou moins longtemps, plus ou moins chaud
h ❑ c'est ce qu'on appelle le mouvement apparent du Soleil.

Précautions indispensables

Si tu regardes le Soleil directement, protège impérativement tes yeux avec un filtre solaire. De même, n'observe jamais le Soleil avec un instrument (jumelles ou télescope) : tu pourrais devenir aveugle !

Le filtre solaire

Avec un pot de petit-suisse et, au moins, deux épaisseurs de pellicule photo complètement voilée, fabrique-toi un filtre qui protégera tes yeux du Soleil !

Regarder le Soleil

Le Soleil, tu le connais, bien sûr ! Cette énorme boule de flammes passe tous les jours dans le ciel, plus ou moins longtemps, plus ou moins haut... c'est lui qui te donne lumière et chaleur tout au long de l'année. Pour te permettre de percer les mystères du Soleil, voici quelques observations simples à réaliser.

Le Soleil et l'ombre

Regarde l'ombre d'un arbre à plusieurs moments de la journée : elle tourne autour de l'arbre et se déforme. Pourtant, l'arbre n'a pas bougé : tu as l'impression que le Soleil s'est déplacé dans le ciel : c'est ce qu'on appelle le mouvement apparent du Soleil. En réalité, ce n'est pas le Soleil, mais bien la Terre (et l'arbre !) qui a tourné devant lui.

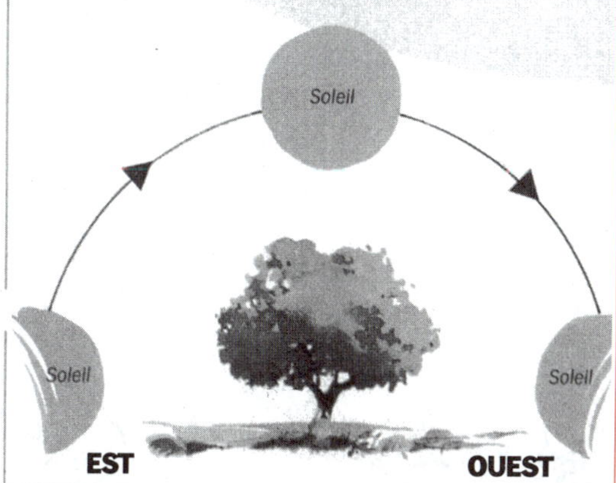

D'après *Étoiles et Planètes*, Cl. et J.-M. Masson, coll. Carnets de nature, Éd. Milan, 1995.

Compte tes bonnes réponses ____ puis colorie les pastilles : ○○○○

5 → 4 pastilles	4 → 3 pastilles	3 → 2 pastilles	moins de 3 → 1 pastille

TABLE DES MATIÈRES

D'après Annick Goupil, *La Semaine de Français*, CE2, Nathan, 1987.

3 À la recherche du bon numéro

Retrouve le numéro de la (ou les) page(s) et du thème correspondant à chaque texte de lecture. Aide-toi de la table des matières ci-contre. La première ligne est donnée en exemple.

	Lectures	Pages	Thèmes nos
a	Le Malade imaginaire	56-57	7
b	Voyage en paroi	______	______
c	Le Petit Prince	______	______
d	Les Chiens de traîneau	______	______
e	Toufdepoil	______	______
f	Protégeons-les !	______	______
g	Un papa pas possible	______	______
h	Papa est un ogre	______	______
i	Le Petit Lion	______	______
j	La Cigogne	______	______
k	Mon amie Béa	______	______
l	La Paix chez les bêtes	______	______

1 point par ligne. Compte tes points ______ puis colorie les pastilles : ○○○○

Plus de 9 → 4 pastilles	7 à 9 → 3 pastilles	4 à 6 → 2 pastilles	moins de 4 → 1 pastille

4 Les mots sortis du texte

1 Lis ce texte en remplaçant les blancs par le mot qui est écrit dans la marge. N'écris pas le mot.

Un drôle de chauffeur

Sylvette est montée dans un taxi dont le chauffeur lui semble bizarre…

	Le conducteur du taxi ________ sa jeune passagère	contemple
quitte	dans le rétroviseur. Il ne la _____ pas des yeux, et	
	n'importe quel ________ se demanderait comment	observateur
conduire	fait ce vieil homme pour _______ sa voiture sans	
	regarder la route.	
	Sylvette ne se sent pas _______. Elle voudrait	tranquille
tête	pouvoir observer, elle aussi, la _____ de son	
	chauffeur dans le rétroviseur. Elle ne la ___ pas. Se	voit
placée	croyant mal _____, elle se glisse discrètement	
	quelques centimètres plus loin, vers le _____ de la	centre
banquette	_______; le miroir ne reflète toujours que le	
	capitonnage ______ du taxi. Elle se déplace encore	intérieur
distingue	un peu. Là, comme ça, elle _________ nettement	
	quelque chose : son _____ visage !	propre
s'agit	– C'est incroyable. Ou bien il _____ d'un miroir	
	magique, ou bien cet ______ ne peut pas se voir	homme
	dans une glace !	
tête	Alors lui reviennent en ___ les contes et légendes	
	dont sa grand-mère lui parle _____.	souvent
Sylvette	– Dracula ! ! ! s'écrie ______ dans le taxi.	
	– Comte Dracula, s'il vous plaît, ______ le vieux	répond
retournant	chauffeur en se ________ vers elle.	

D'après J.-P. Cuisinier, *Dracula contre le Petit Chaperon rouge*, Magnard.

2 Complète ces morceaux de phrases avec les mots en marge qui conviennent.

a Ou bien il ________________ d'un miroir.

b Sylvette ne se sent pas ________________.

c vers le ________________ de la ________________ ;

d quelque chose : son ________________ visage !

e pour ________________ sa voiture

Compte tes **bonnes réponses** _____ puis colorie les pastilles : ○○○○

Plus de 4 → 4 pastilles	4 → 3 pastilles	3 → 2 pastilles	moins de 3 → 1 pastille

5 Le ▲ secret

1 Certains mots de ce texte ont été remplacés par un code. Aide-toi de la clé du code pour le lire.

La clé du code

✪ : première
▲ : code
Ø : toujours
✖ : en classe
❖ : Geoffroy
✷ : parler
✚ : envie
● : geste(s)
□ : maîtresse
○ : nez
■ : lettre(s)
▽ : et

Vous avez remarqué que quand on veut ✷ avec les copains ✖, c'est difficile ▽ on est tout le temps dérangé ? Bien sûr, vous pouvez ✷ avec le copain qui est assis à côté de vous ; mais même si vous essayez de ✷ tout bas, la □ vous entend ▽ elle vous dit : « Puisque vous avez tellement ✚ de ✷, venez au tableau, nous verrons si vous êtes Ø aussi bavard ! »
On peut aussi envoyer des bouts de papier où on écrit ce qu'on à ✚ de dire ; mais là aussi, presque Ø, la □ voit passer le papier ▽ il faut le lui apporter sur son bureau, ▽ puis après le porter chez le directeur.
C'est pour ça qu'à la ✪ récré, ce matin, on a trouvé terrible l'idée de ❖.
– J'ai inventé un ▲ formidable, il nous a dit ❖. C'est un ▲ secret que nous serons seuls à comprendre, ceux de la bande.
▽ il nous a montré ; pour chaque ■ on fait un ● . Par exemple : le doigt sur le ○, c'est la ■ « a », le doigt sur l'œil gauche, c'est la ■ « b », le doigt sur l'œil droit, c'est la ■ « c ». Il y a des ● différents pour toutes les ■ : on se gratte l'oreille, on se frotte le menton, on se donne des tapes sur la tête, comme ça jusqu'à « z », où on louche. Terrible ! Plus besoin de ✷ !
Alors on lui a demandé de nous l'apprendre son ▲. On s'est tous mis autour de ❖ ▽ il nous a dit de faire comme lui ; il a touché son ○ avec son doigt ▽ nous avons tous touché nos ○ avec nos doigts ; il s'est mis un doigt sur l'œil ▽ nous avons tous refait le même ●.
– Bon, a dit ❖, vous vous en souviendrez du ▲ ?

D'après Sempé et Goscinny, *Le Petit Nicolas et les Copains*, Denoël, 1963.

2 Voici quelques passages du texte que tu viens de lire. Coche ceux dans lesquels le code n'a pas été remplacé par le bon mot.

a ❑ on a trouvé terrible l'idée de la maîtresse.
b ❑ il a touché son nez avec son doigt
c ❑ la maîtresse vous entend toujours elle vous dit
d ❑ j'ai inventé un geste formidable
e ❑ il y a des codes différents pour toutes les lettres

Compte tes bonnes réponses ____ puis colorie les pastilles : ○○○○

4 → 4 pastilles | 3 → 3 pastilles | 2 → 2 pastilles | 1 → 1 pastille

1 Des dessins à faire tourner la tête !

Observe attentivement ce disque… tu le verras tourner !

D'après *Pouvez-vous en croire vos yeux ?* Y & B Associates Inc., 1984.

À ton avis, les lignes en couleur sont-elles parallèles ? Vérifie avec deux règles que tu placeras sur deux lignes de couleur.

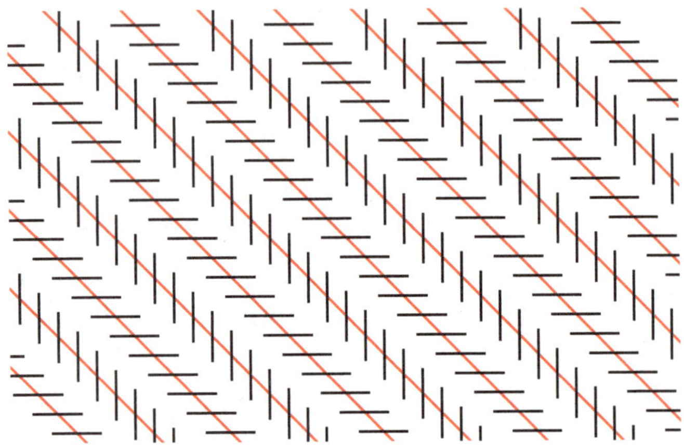

2 Le message secret

Déchiffre le message secret qui est gravé sur cette pierre. Aide-toi du code.

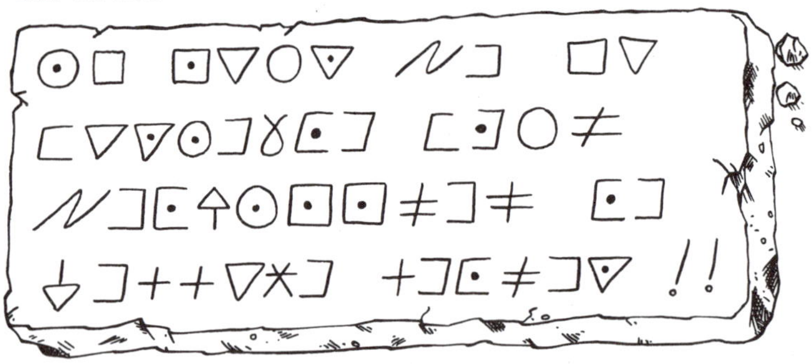

Code

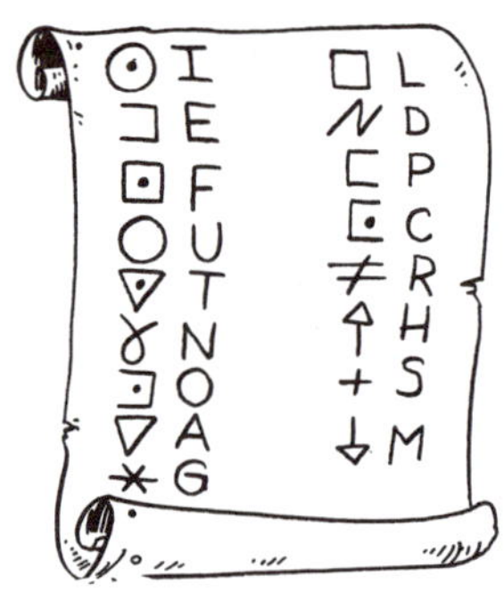

Retourne ton cahier pour lire la réponse.

3 Histoire pour rire, histoire de rire !

Un fou sort une boîte d'allumettes de sa poche. Il en craque une. Ça ne marche pas… Le fou jette l'allumette. Une autre… toujours pas de flamme. Même manège. Enfin la troisième s'allume.

– Ah ! dit-il, enfin une allumette qui marche, je vais la garder pour la prochaine fois !

Et il remet l'allumette dans sa boîte.

Texte de Béatrice Solleau, *300 histoires pour rire,* Éd. Lito, 1992.

Réponse : 2. Il faut de la patience pour déchiffrer ce message secret.

6 Les mots cachés (2)

1 Lis attentivement ce poème en forme de main.

cours cours au buffle
heurte heurte craque des cris
comme des silex
pour éclairer la sortie
de la caverne
ne suis-je pas fait avec la main merci main toi qui m'as fait

Pierre Albert-Birot, *Silex, poèmes des cavernes,*
Amusements naturels 1945, Éd. Rougerie, Poésie, 1945-1967.

2 Souligne, dans le texte ci-dessous, tous les noms, verbes et adjectifs qualificatifs qui se trouvent dans le poème que tu viens de lire. Le premier mot est donné en exemple.

Une course-poursuite

« Cours ! » lui crie son ami. Poursuivi par un buffle, Victor se met à courir sans réfléchir. Il dévale la pente, se heurte aux arbres, se griffe contre les épines acérées comme des lames de silex… Au bout de quelques minutes, il finit par trouver refuge dans une caverne située en contrebas. Il a la main droite tout égratignée…

« Ah ! si j'étais un oiseau ! soupire-t-il. Je pourrais me débarrasser de cet animal têtu en m'envolant… Au lieu de cela, je suis bloqué dans une caverne, sans lumière pour m'éclairer ! Comment vais-je donc retrouver la sortie ? »

Compte tes bonnes réponses ____ puis colorie les pastilles : ○○○○

Plus de 7 → 4 pastilles	6 ou 7 → 3 pastilles	4 ou 5 → 2 pastilles	moins de 4 → 1 pastille

7 À chaque mot sa recette

Les mots de la liste ci-dessous sont extraits du document « Cuisine en plein air ». Recopie-les à côté du titre de la recette dont ils proviennent. Attention ! Un même mot peut être dans plusieurs recettes. Il y a des intrus dans la liste, entoure-les.

œuf - chapeau - braises - coquille - aluminium - remue - cuire - pleure - feu - couteau - cendre - gant - patate - coque - brochette.

L'œuf à la broche : ______________________________

____

L'œuf qui pleure : ______________________________

____

L'œuf en patate : ______________________________

____

« Cuisine en plein air »

L'œuf à la broche

Deux petits coups secs de la pointe de ton couteau. Tu as percé les extrémités de la coquille. Enfile une brochette : une petite branche de bois vert pelée, bien droite. Fais cuire au-dessus des braises 3 min. Un bon pari à gagner !

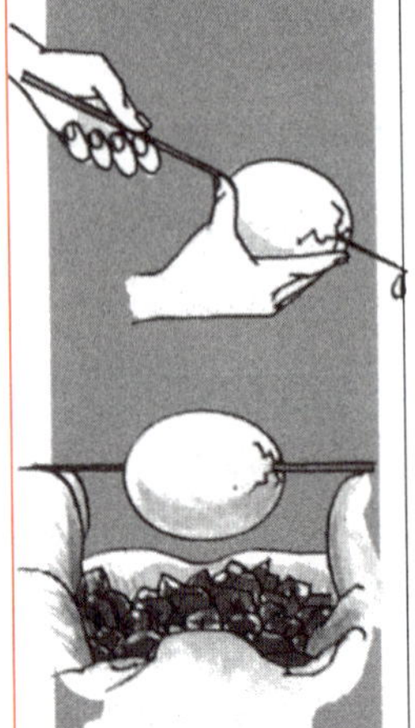

L'œuf qui pleure

Un œuf à la coque sans le faire bouillir ! Place l'œuf devant les braises (5 à 10 cm de distance, selon la force des braises). Au bout de 2 min, retourne l'œuf tout doucement. Et surveille de près : dès qu'il pleure (une goutte d'eau perle sur la coquille), c'est qu'il est à point.

L'œuf en patate

Tiens verticalement une pomme de terre non épluchée. Coupe et garde le haut, creuse l'intérieur. Dans le trou, verse l'œuf cru. Remets le chapeau en place. Dans une papillote en alu, fais cuire sous la cendre, tout près des braises, 30 min à 1 h selon grosseur.

D'après *Feux et Cuisine*, R. Kayser, coll. Carnets de nature, Ed. Milan, 1995.

1 point par mot. Compte tes points ____ puis colorie les pastilles : ○○○○

Plus de 14 → 4 pastilles	10 à 14 → 3 pastilles	5 à 9 → 2 pastilles	moins de 5 → 1 pastille

8 Les textes mêlés

1 Les phrases de deux textes ont été mélangées. Lis d'abord le texte en italique « Les Ouvriers acrobates » puis le texte en gras « L'Inauguration de la tour Eiffel ».

Les Ouvriers acrobates **L'Inauguration de la tour Eiffel**

Le 30 mars 1889, la tour Eiffel est achevée. *Deux cent cinquante ouvriers participaient au chantier extraordinaire de la tour Eiffel dans des conditions difficiles. Ils travaillaient douze heures par jour au bord du vide, dans le froid et dans le vent.* **Eiffel, soulagé et fou de joie, l'inaugure le lendemain dans l'intimité.** *Malgré les dangers de ce chantier, aucun d'entre eux n'est jamais tombé, sans doute parce que Eiffel avait choisi des charpentiers et des marins, habitués à escalader les toits et les mâts !* **Lors de cette « fête intime de chantier », une cinquantaine de personnes attaque, à la suite d'Eiffel, l'ascension de la « grande dame de fer ». Vingt d'entre eux seulement arrivent au sommet, rouges et essoufflés : ils ont escaladé 1 710 marches !** *Les ouvriers ne sont pas toujours contents.* **Eiffel, ému aux larmes, hisse un gigantesque drapeau français.** *Ils trouvent qu'ils sont mal payés et il leur arrive de se mettre en grève. À part ces quelques difficultés, l'ambiance du chantier est bonne, les travailleurs sont fiers de participer à une œuvre qui étonne le monde entier.* **Vingt et un coups de canon retentissent pour annoncer la bonne nouvelle : la tour Eiffel est terminée !**

D'après Léon-Paul Fargue, D.R.

2 Retrouve à quel texte appartiennent les groupes de mots suivants. Recopie-les à la suite du titre qui convient.

ému aux larmes - le monde entier - des conditions difficiles - fou de joie - la « grande dame de fer » - au bord du vide - rouges et essoufflés - mal payés - toujours contents - quelques difficultés.

Les Ouvriers acrobates : ____________________

____

____

L'Inauguration de la tour Eiffel : ____________________

____

____

Compte tes bonnes réponses ____ puis colorie les pastilles : ○○○○

Plus de 8 → 4 pastilles	6 à 8 → 3 pastilles	3 à 5 → 2 pastilles	moins de 3 → 1 pastille

Une page de dictionnaire

1. **club** n.m. Association de personnes qui partagent la même occupation, le même loisir. *Un club photo. Un club de ping-pong. Chaque soir, sir Charles se rendait à son club* (syn. cercle).
▸ **Remarque.** C'est un mot anglais, on prononce [klœb].

2. **club** n.m. Canne de golf avec laquelle on pousse la balle.
▸ **Remarque.** C'est un mot anglais, on prononce [klœb].

co-, préfixe qui indique l'association, comme dans *coéquipier*, ou la simultanéité, comme dans *coexistence*.

coagulation n.f. L'action, le fait de coaguler. *La coagulation du sang.*

coaguler v. Rendre ou devenir pâteux, se figer, se solidifier. *La chaleur coagule le blanc d'œuf. Le sang coagule à l'air.*

se **coaliser** v.pron. Former une coalition. *Ils m'en veulent, ils se sont tous coalisés contre moi* (syn. s'allier, se liguer).

coalition n.f. Alliance qui se fait entre des pays, des partis ou des personnes contre un ennemi ou dans un but commun. *La Russie, l'Angleterre et la Prusse ont formé une coalition pour vaincre Napoléon Ier.*

coassement n.m. Nom donné au cri de la grenouille et du crapaud.
▸ **Remarque.** Ne pas confondre avec *croassement*.

coasser v. Pour la grenouille ou le crapaud, faire entendre leur cri, le *coassement*.
▸ **Remarque.** Ne pas confondre avec *croasser*.

cobalt n.m. Métal qui entre dans la composition de certains alliages et dont on tire une matière qui sert à fabriquer des colorants bleus. *Un bleu de cobalt* (= bleu foncé).

cobaye n.m. Petit mammifère rongeur, appelé aussi *cochon d'Inde*. • Fam. **Servir de cobaye** : être utilisé pour tester quelque chose, pour permettre à quelqu'un de se faire la main (parce que les cobayes sont utilisés dans les expériences de laboratoire). *Je n'ai pas envie de servir de cobaye à ce coiffeur débutant.*

cobra n.m. Serpent d'Afrique et d'Asie dont la morsure peut être mortelle. *Le cobra des Indes s'appelle aussi « serpent à lunettes ».*

cocagne n.f. • **Mât de cocagne** : mât enduit de savon au sommet duquel on doit grimper pour décrocher les lots qui y sont suspendus. *Dans certaines fêtes de village, on dresse un mât de cocagne.* • **Pays de cocagne** : pays imaginaire où n'existent que fêtes et plaisirs.

cocaïne n.f. Substance tirée des feuilles du *coca*, un arbrisseau des Andes, et qui était utilisée en médecine pour combattre la douleur. *La cocaïne est une drogue.*

cocarde n.f. Insigne rond aux couleurs d'un pays, d'un parti, etc. *Le jour du 14-Juillet, en France, on vend des cocardes tricolores.*

cocasse adj. Qui est drôle parce que tout à fait inattendu. *Une réflexion, une aventure cocasses* (syn. comique).

cocasserie n.f. Le caractère cocasse de quelque chose. *La cocasserie de la situation fit rire tout le monde* (syn. drôlerie).

coccinelle n.f. Petit insecte de la famille des coléoptères, qui a des élytres orangés ou rouges, ornés de points noirs. *La coccinelle est utile car elle se nourrit de pucerons.*

coccyx n.m. Le bas de la colonne vertébrale, composé de petites vertèbres soudées. *Marc s'est fêlé le coccyx en tombant sur les fesses.*
▸ **Remarque.** On prononce [kɔksis].

coche n.m. Grande voiture à cheval qui transportait autrefois les voyageurs et qui fut remplacée par la diligence. • Fam. **Manquer, rater le coche** : laisser passer une bonne occasion.

cochenille n.f. Insecte parasite des plantes (surtout des cactus) dont on extrait un colorant rouge vif, qui porte le même nom.

1. **cocher** n.m. Conducteur d'un coche, d'une voiture à cheval. *Lucien héla un fiacre et promit une récompense au cocher s'il allait vite.*

2. **cocher** v. Marquer d'une encoche ou d'un signe. *Cocher un nom sur une liste.*

cochère adj.f. • **Porte cochère** : dans un immeuble, porte à deux battants donnant sur la rue, assez grande pour permettre à une voiture (autrefois un *coche*) de passer. *Il pleuvait, Zoé s'abrita sous une porte cochère.*

1. **cochon** n.m. Nom que l'on donne couramment au porc domestique. Cri : le cochon grogne et couine. Petit : le cochonnet ou, s'il tète encore sa mère, le cochon de lait. • **Cochon d'Inde** : petit mammifère rongeur (syn. cobaye).

Dictionnaire Super Major (CM1 → 6e), © Larousse, 1994, p. 224.

9 Mot à mot

Voici des extraits de la page de dictionnaire ci-contre. Dans chaque case, écris le mot auquel ils correspondent.
Le premier extrait est donné en exemple.

a	Conducteur d'un coche, d'une voiture à cheval.	cocher
b	Petit mammifère rongeur, appelé aussi *cochon d'Inde*.	______
c	C'est un mot anglais, on prononce [klœb].	______
d	Remarque. Ne pas confondre avec *croasser*.	______
e	*Ils m'en veulent, ils se sont tous coalisés contre moi.*	______
f	Laisser passer une bonne occasion.	______
g	Nom donné au cri de la grenouille et du crapaud.	______
h	*Un bleu de cobalt* (= bleu foncé).	______
i	*Le sang coagule à l'air.*	______
j	*La cocasserie de la situation fit rire tout le monde.*	______

Compte tes bonnes réponses ______ puis colorie les pastilles : ○○○○

Plus de 7 → 4 pastilles	6 ou 7 → 3 pastilles	4 ou 5 → 2 pastilles	moins de 3 → 1 pastille

10 Un intrus dans les mots « collés »

1 Les mots de ces phrases sont « collés ». Trace une barre de séparation entre eux, et trouve le mot intrus qui s'est caché dans la phrase. Coche-le comme dans l'exemple.

a Le|dessin|animé|fit|son|apparition|en|Astérix|1892.
- dessin ☐
- Astérix ☒
- animé ☐

b C'estunprofesseurfrançais,ÉmileReynaud,quidécouvrit leprincipedudessinanimélorsqu'ilLuckyLukevoulutillus trersescoursd'unemanièreagréable.
- Lucky Luke ☐
- illustrer ☐
- principe ☐

c Ledessinaniméestunartquicoûtetrèscheretdontla réalisationdemandebeaucoupdepatienceimaginés etdeminutie.
- imaginés ☐
- patience ☐
- minutie ☐

d Chaquemouvementd'undessinanimédoitêtreGoscinny décomposépourobtenirvingt-quatreimagesàlaseconde.
- images ☐
- seconde ☐
- Goscinny ☐

e Lesdécorsetlesobjetssontreproduitscélèbresautantde fois,cequireprésentedesmilliersdedessinspourquelques minutesdeprojection.
- objets ☐
- célèbres ☐
- décors ☐

f Engénéral,lesdevenusimagessontdessinéessurdes feuillesdeCelluloïdtransparent,chaqueimageestensuite recopiéesurlaprécédenteavecdelégèresmodifications.
- devenus ☐
- Celluloïd ☐
- chaque ☐

g Enfaisantvedettessesuivretoutescesmodifications,on donnel'illusiondumouvement.
- illusion ☐
- vedettes ☐
- modifications ☐

2 Complète le texte suivant en reprenant dans l'ordre les mots intrus que tu viens de cocher.

Astérix et ______________ sont deux héros de bandes dessinées qui ont été ______________ par ______________ et dessinés par Uderzo et Morris. Ces ______________ personnages sont également ______________ des ______________ du dessin animé.

D'après *L'Encyclopédie Larousse des Jeunes*, © Librairie Larousse, 1984.

1 point par mot. Compte tes points ______ puis colorie les pastilles : ○○○○

6 → 4 pastilles	4 → 3 pastilles	→ 2 pastilles	moins de 3 → 1 pastille

OBJECTIF 2

Je m'entraîne à prévoir

Retrouve la phrase qui se cache dans cette pyramide d'acrobates et tu sauras ce que pense le chien.

1 Le bon mot (1)

Entoure, dans les phrases suivantes, les mots qui conviennent.

Les ours au quotidien

a Les ours sont classés parmi les carnivores – les mangeurs de viande –, [en fait / en plus] ils sont pour la plupart omnivores, [c'est-à-dire / c'est alors] qu'ils se nourrissent de tout ce qu'ils rencontrent.

b Les ours sont des marcheurs infatigables. Ils doivent [souvent / jamais] parcourir de très longues distances [avec / pour] trouver leur nourriture.

c L'ours polaire se nourrit essentiellement de poissons et de phoques. Le grand panda, [au contraire / en fait], est complètement végétarien.

d L'ours, [sans / comme] l'homme, peut marcher sur ses deux membres inférieurs, c'est pour [de faire / cela] qu'on dit qu'il est plantigrade.

e Les ours ont une très mauvaise vue, [par hasard / par contre] ils ont un excellent odorat et détectent très facilement l'odeur des hommes.

f [Mal / Bien] protégé par sa fourrure épaisse et grasse, l'ours polaire peut nager des heures [dans / avec] la mer glacée.

1 point par mot. Compte tes points ______ puis colorie les pastilles : ○○○○

Plus de 8 → 4 pastilles	6 à 8 → 3 pastilles	3 à 5 → 2 pastilles	moins de 3 → 1 pastille

2 La logique de la fin

Coche la fin qui correspond au début de la phrase.

a Cette tarte aurait été délicieuse si
- ❑ elle avait été mangée.
- ❑ elle avait été plus sucrée.
- ❑ elle avait été plus mûre.

b Tu te serais moins ennuyée si
- ❑ tu avais pris la porte.
- ❑ tu avais pris le temps.
- ❑ tu avais pris un livre.

c Aurons-nous du soleil quand
- ❑ nous étions vieux ?
- ❑ nous sommes couchés ?
- ❑ nous serons en vacances ?

d On aurait mieux fait de garder notre argent plutôt que
- ❑ de l'économiser.
- ❑ de le gaspiller.
- ❑ de le gagner.

e Dire que la voiture est en panne,
- ❑ nous avions prévu de sortir !
- ❑ nous avions prévu de dormir !
- ❑ nous avions prévu de courir !

f J'espère que le facteur
- ❑ m'avait apporté une lettre de ma tante.
- ❑ m'apportera une lettre de ma tante.
- ❑ m'apporte une tasse de café.

g Dommage que la piscine soit fermée,
- ❑ nous aurions pu payer !
- ❑ nous aurions pu courir !
- ❑ nous aurions pu nous baigner !

h Tu réussiras tes contrôles à condition
- ❑ de réviser !
- ❑ de paresser !
- ❑ de parler !

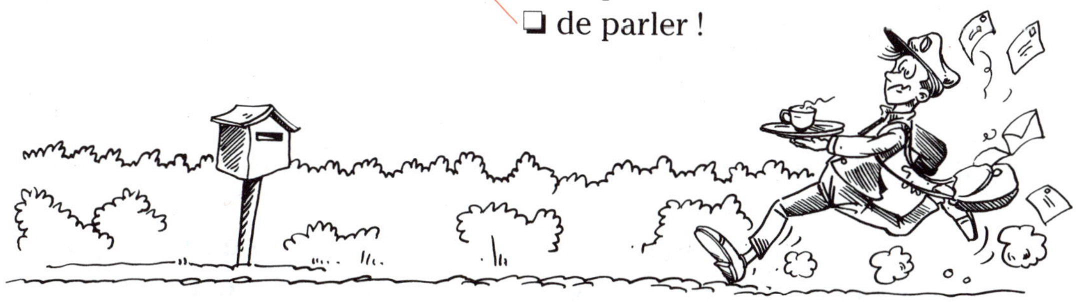

Compte tes bonnes réponses ______ puis colorie les pastilles : ○○○○

Plus de 6 → 4 pastilles	5 ou 6 → 3 pastilles	3 ou 4 → 2 pastilles	moins de 3 → 1 pastille

3 Les mots masqués

▶ **Entoure, dans la marge, le mot qui correspond au mot masqué dans le texte. Le premier mot est donné en exemple.**

Le monstre

	Le monstre avait trois yeux, des pieds énormes, une queue	
coucher	velue et de bien vilaines cornes. Il venait de se ______ d'un très	réveiller (entouré)
	long sommeil, une méchante sorcière l'ayant endormi pendant	
	des siècles parce qu'un jour il avait essayé de manger un de ses	
	enfants. On n'a pas idée ! Lui faire un coup pareil ! Mais il y avait	
vivre	tellement longtemps de cela que la sorcière avait fini par ______.	mourir
	Du coup, le sort magique s'arrêta et le monstre se retrouva	
	dans un monde qu'il ne reconnaissait pas. Pensez donc, des	
	routes au lieu de champs, des H.L.M. en place de châteaux…	
	comment s'y retrouver ? Le monstre entra dans la cour d'un	
	immeuble, ferma son troisième œil, se rendit invisible, s'assit	
	dans un coin et attendit…	
après	Peu de temps ______, un garçon apparut. Il ne regardait pas où	avant
	il marchait, tout occupé à tapoter un jeu électronique. De temps	
danser	à autre, il gesticulait avec ses épaules comme pour ______ sur la	chanter
	musique qu'il écoutait à son baladeur.	
enfant	Le monstre n'avait jamais vu d'______ habillé ainsi, mais il se dit	oiseau
	que soit il s'était réveillé un jour de carnaval, soit la mode avait	
allées	changé durant toutes ces ______. Doucement, il s'approcha	années
	derrière le garçon, redevint visible et poussa un grognement	
	terrible : GGRRRAOOOAAAARRRGG !	
vu	Le garçon ne se retourna pas, il n'avait rien ______ à cause de la	entendu
sourd	musique. « Je suis peut-être tombé sur un ______ ? » pensa le	aveugle
	monstre, dépité. Il se plaça alors devant lui et fit des grimaces	
	horribles. Le garçon ne leva pas la tête. Il fixait toujours son jeu	
jeu	électronique. Il bouscula simplement le ______ en disant	monstre
	« Pardon Madame ! » Puis il entra dans son immeuble. Le monstre	
	se retrouva seul, terriblement vexé.	
été	Soudain la porte d'______ s'ouvrit, poussée par une petite fille	entrée
	déguisée en extraterrestre. À sa main, un pistolet transparent	
bruit	lançait des étincelles en faisant un drôle de ______ : PAN ! PAN !	coup
	VIZZZ ! VIZZZ !	
	Le monstre était surpris qu'on laisse une petite fille porter une	
	armure de chevalier. En espérant que ce ne soit pas une	
boulette	sorcière et son pistolet une ______ magique, il se rendit visible.	baguette
	GGRRRAOOOAAAARRRGG ! hurla-t-il.	

La petite fille s'arrêta et le détailla de la tête aux pieds. Elle n'avait pas l'air effrayée du tout.
– T'es un monstre, toi ?
– Bien sûr que je suis un monstre, répondit-il, interloqué.
– Et tu viens de quelle planète ?
ennuya – Une planète ? Qu'est-ce que c'est ? s'_____ le monstre. étonna
– Pfffft ! se moqua la petite fille. Tu connais rien, toi ! T'as des rayons laser au moins ?
– Des rayons lazaire ?
autre – Si tu ne viens pas d'une _____ planète et que tu n'as pas de rayons laser, c'est que tu n'es pas un vrai monstre !
– Pas un vrai monstre, moi ? Elle est folle, celle-là !
déjà Mais la petite fille était _____ partie. dommage
– Quelle idiote ! Elle n'a pas vu mes pieds, mes griffes, mes dents ? Qu'est-ce qu'elle croit ? Que je suis une grosse vache ?
On ne lui avait jamais dit une chose pareille. Le monstre essaya
peur à nouveau de faire _____ à un petit garçon qui rentrait de l'école. pitié
Ce dernier ne le regarda même pas et lui dit :
– Demain, j'ai contrôle de français et de géographie et j'ai une
la météo punition ! Alors, si tu crois que j'ai _____ ! le temps
– Il faut avoir le temps pour avoir peur, maintenant ? s'étonna le monstre. Voilà qui est nouveau !
Le monstre se rendit encore plus horrible et sauta sur un autre petit garçon qui n'eut pas peur.
existe – D'abord, les monstres, ça n'_____ pas ! Arrêtez de faire l'idiot, arrête
vous me faites perdre mon temps avec vos bêtises !
colère Le monstre piqua une _____, cassa tout autour de lui. Puis il se couleur
calma, s'assit dans un coin et se sentit très malheureux.
De grosses larmes coulaient de ses trois yeux.

D'après *Mon copain le monstre*, Nicolas Hirsching, Rageot - Éditeur.

1 point pour 2 mots. Compte tes points _____ puis colorie les pastilles : ○○○○

Plus de 7 → 4 pastilles	6 ou 7 → 3 pastilles	4 ou 5 → 2 pastilles	moins de 4 → 1 pastille

4 Chaque morceau de phrase à sa place

Dans le texte suivant, certains morceaux de phrases ont été remplacés par un carré. Retrouve la place de chaque morceau de phrase et écris son numéro dans le carré.

1 mais elles sont aussi dures que du fer
2 et se mit à chercher quelqu'un à geler.
3 suant et transpirant,
4 de son ricanement de glaçons entrechoqués
5 mais point les paysans

Le Petit Méchant Gel

Il était une fois un Grand Méchant Gel qui avait de grandes dents de glace et un rejeton de fils qu'on nommait Petit Méchant Gel. Et ce marmot aux quenottes en stalactites était particulièrement vantard.
Un jour, il dit :
– Mon père vieillit, il fait bien mal son travail. Son cœur de glace s'adoucit. Moi, je suis jeune et puissant. Je pourrais geler les hommes bien mieux qu'il ne fait !
Alors Petit Méchant Gel sortit du château de glace ☐. Sur la route, il vit venir à lui un seigneur pansu, lippu, dodu, affalé dans un chariot traîné par un gros cheval richement harnaché. Petit Méchant Gel regarda le seigneur couvert de pelisses, de fourrures, botté chaudement et se mit à rire ☐.
– Tu peux t'emmitoufler tant que tu voudras, tu ne m'échapperas pas !
Petit Méchant Gel se précipita sur le seigneur, se glissant sous les fourrures, pénétrant dans ses moufles, rampant dans son col.
Le seigneur claquant des dents ordonna à son serviteur d'accélérer l'allure.
– Sans quoi, je vais geler, se mit-il à crier.
Hilare et triomphant, Petit Méchant Gel l'importunait plus encore.
Le seigneur ne sait que faire : il se pelotonne, se couvre, s'emmitoufle.
– Plus vite ! Plus vite ! ne cesse-t-il de hurler… Puis il cesse même de crier. Il a le gosier gelé.
Ce n'est plus un gosier, c'est un igloo.
Et lorsqu'il arrive chez lui, on le descend tout raide comme un bonhomme de neige.
Aussitôt Petit Méchant Gel, le torse bombé, s'en vient trouver son père.
– Vois comme je suis fort ! Regarde quel seigneur j'ai gelé !
Grand Méchant Gel sourit et dit :
– Tu es, mon petiot, un bougre de vantard ! Tu ferais mieux d'attendre avant de louer tes forces et ton audace. C'est vrai, tu as gelé cette grosse

outre de seigneur, tu t'es glissé sous ses manteaux. Tu l'as mordu là où il faut. La belle affaire ! Tu vois ce paysan tout maigre et sa tunique trouée ? Il va fagoter et couper du bois en forêt. Suis-le donc. Essaie de le geler. Si tu y arrives, alors, je te croirai lorsque tu me diras que tu es réellement fort !
Arrivé près du paysan, Petit Méchant Gel l'attaqua sans attendre et se mit à le transir ; bondissant d'un côté, de l'autre, chopant les mollets, giflant le visage à toute volée. Mais le pauvre hère ne cessait d'avancer, tête basse, épaules rentrées.
Bientôt ils arrivèrent dans le bois silencieux et l'homme, saisissant sa cognée, se mit à couper sapins et bouleaux et les copeaux de voler de tous côtés !
Petit Méchant Gel bondit sur sa proie de toute sa colère glacée. Il pinçait la main, croquait les doigts, les pieds, se glissait dans le col pour étreindre les reins. Et plus le vilain diable faisait d'efforts, plus le paysan cognait, frappait, coupait ; ☐ il s'est si bien réchauffé qu'il a ôté ses moufles.
Petit Méchant Gel pendant encore fort longtemps a attaqué le paysan, à la fin il s'est fatigué.
– Tant pis, a-t-il déclaré, de toute façon, je te vaincrai. Tu peux faire le brave, je t'aurai. Je vais geler tes os lorsque tu vas rentrer chez toi !
Il s'est précipité sur les moufles trouées et sournoisement s'y est glissé. Une fois installé, il s'est mis à se moquer.
– Voyons un peu comment ce maroufle arrivera à enfiler ses moufles. Elles sont si dures qu'on ne pourrait y enfiler un doigt !
Petit Méchant Gel, assis dans les grossiers et pauvres gants, attend que le paysan ait terminé son labeur. Enfin, lorsqu'il a coupé de quoi garnir une semaine l'âtre, il ligature le tas…
– Maintenant, dit-il, je puis renter chez moi.
Il prend ses moufles et veut les enfiler ☐.
Lorsqu'il vit qu'il ne pouvait les mettre, le paysan se mit à les frapper à coups de hache afin de les assouplir. Il frappa si fort, le paysan, que Petit Méchant Gel sortit de là à peine vivant.
Le paysan chez lui s'en alla, son bois sur le dos.
Petit Méchant Gel est rentré en geignant chez son père. Quand Grand Méchant Gel le vit, à rire il se mit :
– Mais dis-moi, puissant et terrible fiston, te voilà bien mal arrangé ! Qu'as-tu ? Pourquoi geins-tu ?
– Ce rustaud m'a frotté les côtes, et comment !
– Tu le sauras dorénavant : on peut facilement vaincre les seigneurs fainéants, ☐. Souviens-t'en !

Pierre Dubois, *L'Almanach Sorcier*, coll. « L'ami de Poche », Casterman.

Compte tes **bonnes réponses** ______ puis colorie les pastilles : ○○○○

5 → 4 pastilles	4 → 3 pastilles	3 → 2 pastilles	moins de 3 → 1 pastille

5 Les lignes mélangées (1)

1 Les lignes de ce texte ont été mélangées. Numérote-les dans l'ordre pour reconstituer l'histoire. Pour t'aider, le début de la première phrase a été donné.

☐ a un peu froid,
☐ très gentil. Approche-toi, je vais te raconter
☐ au point que personne ne pouvait supporter un tel vacarme. »
☐ l'histoire extraordinaire des Zoreillefines dont les mots gelaient en hiver et
☐ et le lui rapporte afin qu'elle se couvre
☐ de la nuit qui commence à tomber. Comme sa grand-mère
☐ fondaient au printemps en faisant un bruit de tous les diables,
☐ la cheminée où flambe un grand feu.
☐ les épaules bien chaudement. Puis il l'accompagne vers
☐ il va lui chercher son châle de laine
☐ « Merci, Louis, dit-elle, tu es vraiment
1 Louis sent la fraîcheur

2 Entoure les mots qui conviennent pour compléter ces phrases.

a Louis **fait tomber / va chercher** le châle de laine de sa grand-mère.

b **La grand-mère / Louis** raconte l'histoire extraordinaire des Zoreillefines.

c Les mots des Zoreillefines **gelaient / fondaient** en hiver.

d Au printemps, les mots des Zoreillefines **gelaient / fondaient** et faisaient un **hiver / bruit** de tous les diables !

Compte tes bonnes réponses ____ puis colorie les pastilles : ○○○○

Plus de 13 → 4 pastilles	9 à 13 → 3 pastilles	4 à 8 → 2 pastilles	moins de 4 → 1 pastille

Jeux

1 Le bon négatif

Quel est le négatif exact du dessin a ?

1 2 3 a

Retourne ton cahier pour lire la réponse.

2 Charade

1. Mon premier peut être aigu ou obtus.
Mon deuxième s'achète par douzaines.
Mon troisième est notre planète.
Mon tout est un pays d'Europe.

* * * *

2. Mon premier sert à voler.
Mon deuxième est la conjonction de coordination la plus utilisée.
Mon troisième est le petit de la biche.
Mon tout est un animal.

Retourne ton cahier pour lire les réponses.

3 D'un seul trait

Dessine ce voilier sans lever une seule fois le crayon et sans repasser deux fois sur le même trait.

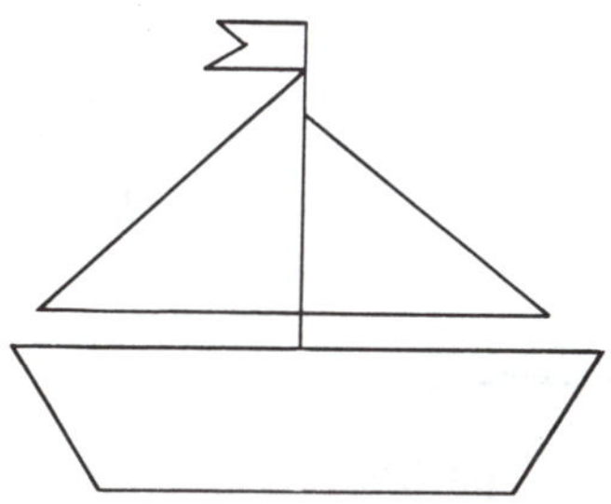

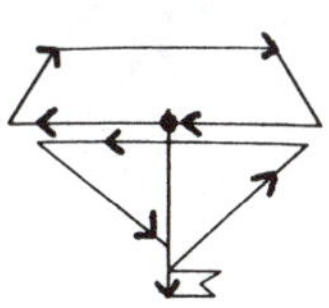

Réponses : 1. : n° 2 ; 2. 1. angle - œufs - terre (Angleterre), 2. aile - et - faon (éléphant) ; 3.

6 Le bon mot (2)

Entoure, dans les phrases du texte suivant, les mots qui conviennent.

Les ours en danger

a Il y en a des ours dans le monde ! On pourrait penser qu'il est inutile de s'inquiéter, pourtant / car la vie de certains ours devient de plus en plus difficile.

b L'ours polaire a failli disparaître à cause de / à force de son beau pelage qui attirait beaucoup trop de chasseurs. Cependant, / En effet, grâce à des mesures énergiques, les ours blancs sont maintenant hors de danger.

c Depuis 1937, il n'y a plus un seul ours brun dans les Alpes. En revanche, / En somme, il en reste quelques-uns dans les Pyrénées.

d Les ours bruns s'attaquaient parfois aux troupeaux de moutons, c'est parce que / c'est pourquoi les bergers les ont chassés. De plus / De suite le développement des stations de sports d'hiver a contribué à la disparition des ours.

e Cependant / Parfois l'ours le plus menacé dans le monde est le panda : il n'en reste pas plus d'un millier. Si les hommes ne les protègent pas, les pandas, ainsi que / tels que d'autres espèces animales, risquent de disparaître de la surface de la planète.

1 point par mot. Compte tes points ____ puis colorie les pastilles : ○○○○

Plus de 6 → 4 pastilles	5 ou 6 → 3 pastilles	3 ou 4 → 2 pastilles	moins de 3 → 1 pastille

7 La logique du début

Coche le début qui correspond à la fin de la phrase.

a
❑ Il est préférable que
❑ Il est regrettable que
❑ Il est insupportable que
→ tu sois sage si tu veux aller à la fête foraine.

b
❑ Quel courage
❑ Quel carnage
❑ Quel dommage
→ que la neige ait fondu si vite !

c
❑ Je suis vraiment gâtée
❑ Je suis vraiment affamée
❑ Je suis vraiment désolée
→ d'avoir cassé ce joli vase !

d
❑ Es-tu malin
❑ Es-tu certain
❑ Es-tu chagrin
→ d'avoir fermé le gaz ?

e
❑ Il est indispensable de savoir nager
❑ Il est indispensable de savoir cuisiner
❑ Il est indispensable de savoir coudre
→ pour faire de la plongée.

f
❑ C'est merveilleux
❑ C'est dommage
❑ C'est certain
→ que tu aies gagné ce voyage aux Antilles !

g
❑ J'ai bien peur que
❑ J'ai bien envie que
❑ J'ai bien compris que
→ mon frère m'emmène au cinéma.

h
❑ Il suffit de coller
❑ Il suffit de mentir
❑ Il suffit de pousser
→ pour ouvrir cette porte.

Compte tes bonnes réponses ____ puis colorie les pastilles : ○○○○

Plus de 6 → 4 pastilles	5 ou 6 → 3 pastilles	3 ou 4 → 2 pastilles	moins de 3 → 1 pastille

8 Les mots en marge

1 Entoure les mots de la marge qui conviennent pour compléter ce texte. Attention ! Lis attentivement le titre avant de faire ton choix !

Un Boeing 747 perd une partie de son aile gauche.

automobiliste	Un ____________	Boeing 747
322 tonnes	de ____________	32 ans
roulait	qui ____________ vers	volait
sans permis	Marseille ____________	avec 450 passagers
	dans la nuit de dimanche à lundi,	
atterri	a ____________	mordu
sa force	de toute ____________	urgence
sur l'aéroport	____________ de Lyon.	un policier
	En effet, le pilote, réalisant	
agent	qu'un ____________	morceau
police	de ____________	l'aile gauche
se détacher	venait de ____________	le siffler
refusé de s'arrêter.	a tout d'abord ____________	lancé un appel de détresse.
chasse	Il a été aussitôt pris en ____________	charge
le policier de la route.	par ____________	les contrôleurs du ciel.
	Finalement on est parvenu	
poser l'appareil.	à ____________	arrêter le véhicule.
l'aviation civile	Le porte-parole de ____________	la police
les passagers	a indiqué que ____________ après	l'automobiliste
arrêté	avoir été ____________	réconfortés
ont regagné un autre	____________	a sauvagement
avion.	____________	mordu le policier.

2 Relis ce texte en utilisant, cette fois, les mots que tu n'as pas entourés. Tu découvriras un autre texte. Coche le titre qui lui convient.

❏ Un automobiliste roule sans permis et mord un policier.

❏ Un automobiliste roule sans permis et vole un policier.

Compte tes bonnes réponses ____ puis colorie les pastilles : ○○○○

Plus de 14 → 4 pastilles	10 à 14 → 3 pastilles	5 à 9 → 2 pastilles	moins de 5 → 1 pastille

9 Les mots intrus

1 Entoure les mots, ou groupes de mots, intrus qui se sont glissés dans les phrases suivantes. Le premier mot est donné en exemple.

a Ce pâtissier est réputé pour ses éclairs (foudroyants) qui attirent tous les gourmets de la région.

b J'aime entendre le bruissement des feuilles quadrillées de peuplier.

c Thomas le vieux pêcheur vivait seul depuis plus de cinquante ans ; il n'avait que deux amours : son bateau et la mer Michel.

d Le sanglier fouille le sol de son groin, grogne et gronde ; il n'a vraiment pas l'air commode Louis XV.

e On ne peut pas pénétrer dans la cour de l'école, lorsque la grille de mots croisés est fermée.

f Ce steak au poivre est trop épicé pour moi, j'ai la langue française en feu.

g Mon petit chien est perdu depuis trois jours ; je vais mettre autrefois un avis de recherche dans les magasins du quartier.

2 Entoure les mots, ou groupes de mots, intrus qui se sont glissés dans les phrases suivantes.

a Il faut une grue cendrée de très forte puissance pour soulever ces wagons accidentés et les remettre sur les rails.

b Parmi les trois rescapés de ce naufrage, deux ont pu regagner la côte d'alerte malgré les vagues, le froid et la fatigue.

c Marion alluma un grand feu d'artifice de cheminée pendant que, dans la cuisine, sa maman s'activait à préparer une bonne soupe.

d Le petit avion sous-marin, que Jean-Pierre avait reçu en cadeau pour ses dix ans, tournoyait dans le ciel.

e Cédric appela Aline et lui dit : « Nous allons jouer aux Indiens, je m'appellerai “Œil de faucon” et moi. »

f En moins de dix minutes, les broussailles puis les arbres furent la proie des femmes de l'incendie.

Compte tes bonnes réponses ____ puis colorie les pastilles : ○○○○

Plus de 9 → 4 pastilles	7 à 9 → 3 pastilles	4 à 6 → 2 pastilles	moins de 4 → 1 pastille

10 Chaque phrase à sa place

1 Cette phrase a été retirée du texte. Retrouve sa place et trace une barre de couleur ( ) dans le texte à l'endroit où elle devrait se trouver.

De loin, ils devenaient réels, comme des nénuphars blancs flottant sur l'eau.

Pomme visite le musée Marmottan

Le premier jour de notre séjour à Paris avec Florent, nous avons pris le métro pour nous rendre dans un musée appelé Marmottan. Il abrite de nombreuses toiles de Monet, peintre qui est né en 1840 et mort en 1926. Voir ces peintures dans un livre, c'est une chose, mais les voir en « vrai », c'est vraiment autre chose. Les peintures exposées à Marmottan appartenaient à son jeune fils Michel. À l'âge de 88 ans, il s'est fait renverser près du quai de la Seine et en est mort. Le musée a alors hérité de toutes les toiles, car Michel n'avait pas d'enfant.

La plupart des peintures sont exposées dans les grandes salles du premier sous-sol. Nous avons pu constater que Monet n'avait pas peint que des nénuphars. Au contraire, il a également peint des trains à vapeur, des églises, des montagnes, la mer, des paysages enneigés et aussi des gens.

Je me suis approchée d'une peinture représentant des nénuphars blancs et j'ai regardé. Alors j'ai remarqué que les nénuphars n'étaient faits que de taches. Puis je me suis de nouveau éloignée. Magique !

– Dis Florent, comment savait-il où mettre la couleur ? Il devait se tenir tout près de la toile pour peindre, et donc comment pouvait-il savoir ce que cela donnerait à une certaine distance ?

– Laisse-moi voir, répondit Florent.

– Peut-être attachait-il le pinceau à un long manche, dis-je.

– Non, je ne crois pas, déclara Florent. Il peignait depuis si longtemps qu'il pouvait exactement imaginer l'effet donné par les coups de pinceau.

2 Cette phrase a été retirée du texte. Retrouve sa place et trace une barre de couleur (|) dans le texte à l'endroit où elle devrait se trouver.

En ce temps-là, le métier de peintre était assez rare pour une femme ; celle-ci devait plutôt s'occuper des artistes et des enfants ou poser comme modèle.

Les impressionnistes

Je n'avais pas encore remarqué cette petite peinture : un port avec des petits bateaux au lever du soleil, le soleil représenté comme une tache rouge orange.
– Cette peinture est importante dans l'histoire de l'art, me dit Florent. Elle s'appelle *Impression, soleil levant* : impression c'est un autre mot pour « suggestion ». La « sensation » de l'eau reflétant le soleil, par exemple. À la vue de cette peinture, les journalistes ont rebaptisé Monet l'« impressionniste », c'est-à-dire le « peintre des impressions ». À ce moment-là, la mode était à la peinture régulière et précise, de préférence avec un peu de gris et aussi des couleurs foncées. Presque personne n'aimait les peintures de Monet.
« Bâclé, barbouillé, inachevé et quelles couleurs criardes ! », disaient les gens. Mais Monet ne s'en préoccupait pas. Il ne voulait pas mélanger de noir avec ses couleurs. Il voulait peindre ses impressions avec des taches de couleurs claires qui semblaient miroiter et scintiller et donnaient l'impression de se mouvoir sur la toile. Monet s'est rendu compte que l'eau n'était pas la seule à chatoyer. Les feuilles des arbres reflétaient aussi la lumière, de même que la peau humaine, les vêtements, et même une maison de pierres.
Mais Monet trouvait l'eau particulièrement agréable à peindre. À un certain moment, elle semble bleue, un peu plus tard, elle étincelle de blanc. Voilà les instants que Monet essayait de mettre sur la toile, mais c'était difficile car ces instants passaient très vite et il en fallait tellement pour peindre une toile. Tout au long de sa vie, Monet a tenté de peindre l'impression de lumière. Toujours insatisfait, il cherchait sans cesse à mieux la suggérer.

Au premier étage du musée Marmottan se trouvent des toiles peintes par des amis de Monet. On les appela aussi « impressionnistes » : Pissarro, Renoir, Sisley et Berthe Morisot. Berthe était la seule femme du groupe. Monet et ses amis étaient pauvres car personne ne voulait acheter leurs toiles. Au musée, nous avons vu une lettre dans laquelle Monet tente d'emprunter de l'argent pour payer de la nourriture, son loyer et ses couleurs. Imaginez-vous qu'aujourd'hui certains paient des dizaines de millions de francs pour une peinture de Monet !

D'après Christina Bjôrk, *Le Jardin de Monet*, © Casterman, 1987.

2 points par phrase. Compte tes points ____ puis colorie les pastilles : ◯◯◯◯

4 → 4 pastilles   2 → 2 pastilles

11 Les lignes mélangées (2)

1 Les lignes de ce texte ont été mélangées. Numérote-les dans l'ordre. Pour t'aider, la première ligne a été numérotée.

☐ plus mal.
☐ Au total, plus de peur que de mal, puisque l'automobiliste est
☐ talus pour finir sur ses roues, à 100 mètres de la route, dans un
☐ Champs-sur-Yonne a pour une raison indéterminée mordu
☐ sortie indemne d'un accident qui aurait pu se terminer bien
☐ 10 h 45, en plein champ. La conductrice qui roulait en direction de
☐ l'accotement droit de la Voie-Romaine. Le véhicule a alors dévalé le
☐ champ fraîchement labouré.
1 Une automobiliste s'est retrouvée, hier matin vers

2 Les lignes de ce texte ont été mélangées. Numérote-les dans l'ordre. Pour t'aider, trois lignes ont été numérotées.

☐ a-t-elle fait pour arriver là ? L'accident est en effet peu banal. Le
☐ le parking du supermarché Casino. Tandis que ses propriétaires
11 Pas de dégâts corporels : la voiture était vide, et aucun piéton
☐ véhicule – immatriculé dans la région parisienne – stationnait sur
☐ retenue ni par une vitesse ni par le frein à main, a commencé à
☐ rebord en ciment qui longe le parking et a dévalé le talus voisin,
1 Lundi après-midi, une voiture en fâcheuse position
☐ Le véhicule est bon pour la casse.
☐ vaquaient à leurs courses, la voiture, qui n'était vraisemblablement
☐ ne s'est trouvé sur sa trajectoire. Mais des dégâts matériels, ça oui !
2 a interloqué automobilistes et promeneurs : comment
☐ rouler ; son allure s'accélérant peu à peu, elle a franchi le
☐ pour venir s'écraser contre une haie.

3 Écris le titre qui convient au début de chaque texte.

Une voiture sans chauffeur !
Plus de peur que de mal.

Compte tes bonnes réponses ____ puis colorie les pastilles : ○○○○

Plus de 14 → 4 pastilles	10 à 14 → 3 pastilles	5 à 9 → 2 pastilles	moins de 5 → 1 pastille

OBJECTIF 3

Je comprends les mots

Trouve pourquoi la représentation est annulée en déchiffrant le rébus.

1 Une ou un ? (1)

Certains mots changent de sens quand ils sont masculins ou féminins. Aide-toi des deux définitions qui suivent chaque phrase pour savoir si le mot en couleur est masculin ou féminin. Coche ensuite la bonne réponse.

a Ne t'approche pas trop du bord de l'étang pour cueillir des fleurs, il y a ❑ un / ❑ de la **vase** à cet endroit.
1. **un vase** : récipient dans lequel on met des fleurs.
2. **la vase** : boue qui se dépose au fond de l'eau.

b Pour la Chandeleur, notre village a organisé une belle fête : à cette occasion, ma sœur s'est confectionné un chemisier dans ❑ un joli / ❑ une jolie **crêpe** rouge.
1. **une crêpe** : sorte de fine galette cuite à la poêle.
2. **un crêpe** : tissu léger d'aspect ondulé.

c Ouvrez votre livre d'histoire à ❑ le / ❑ la **page** 100 et observez ❑ le / ❑ la **page** qui se trouve à droite du seigneur sur l'image.
1. **un page** : jeune noble au service d'un seigneur.
2. **une page** : un des côtés d'une feuille de papier.

d Valentin s'est fait embaucher par un grand fabricant de matelas : son travail consiste tout simplement à les essayer. Une façon plutôt « reposante » de gagner ❑ un bon / ❑ une bonne **somme** en faisant ❑ un bon / ❑ une bonne **somme** !
1. **un somme** : une sieste de courte durée.
2. **une somme** : une quantité d'argent.

e L'autre jour, en allant à la pêche, mon voisin est tombé et s'est cassé ❑ le / ❑ la **carpe**, il a fallu le plâtrer.
1. **la carpe** : poisson d'eau douce.
2. **le carpe** : nom de l'un des os du poignet.

1 point par phrase. Compte tes points ____ puis colorie les pastilles : ○○○○

5 → 4 pastilles	4 → 3 pastilles	3 → 2 pastilles	moins de 3 → 1 pastille

2 Le même sens

1 Entoure l'adjectif qui a le même sens que le groupe de mots en couleur. Le premier adjectif est donné en exemple.

a **très froid** — frais / glacial (entouré)

b **très gros** — énorme / fort

c **très chaud** — tiède / brûlant

d **très grave** — catastrophique / gênant

e **très beau** — superbe / joli

f **très grand** — gigantesque / haut

g **très bon** — agréable / excellent

h **très petit** — court / microscopique

2 Entoure la phrase qui a le même sens que le mot en couleur.

a **affamée** — Elle mange. / Elle dévore.

b **ruiné** — Il est riche ! / Il n'a plus un sou !

c **terrifiante** — Elle fait très peur. / Elle est en terre.

d **exténué** — Il est à bout de forces. / Il est fatigué.

e **ruineux** — Ça coûte cher ! / C'est en ruine !

f **délabré** — C'est neuf ! / C'est en ruine !

Compte tes **bonnes réponses** ____ puis colorie les pastilles : ○○○○

Plus de 10 → 4 pastilles	7 à 10 → 3 pastilles	4 à 6 → 2 pastilles	moins de 4 → 1 pastille

3 Un mot pour un autre (1)

1 Entoure le mot de la marge qui pourrait remplacer le mot en couleur dans le texte, sans en changer le sens.

Clara

Clara aime tant lire que tout le monde lui offre des livres.

là	Sa grand-mère, qui aimait la morale, choisissait des histoires **où** tous les enfants étaient des modèles de sagesse.	dans lesquelles
mammifères	La tante Irma, qui était sentimentale, des histoires de petites fleurs et de petits **oiseaux**.	volatiles
	L'oncle Jacques, qui était vétérinaire, des histoires d'animaux.	
de nombreuses	La cousine José, qui avait fait **plusieurs** fois le tour du monde, des histoires d'aventures.	peu de
le sujet	L'oncle Maurice, qui n'avait pas beaucoup d'idées sur **la question**, des histoires de lapins roses.	la réponse
boudeur	Grand-père, qui était resté **farceur**, des histoires farfelues.	blagueur
chagrin	Clara recevait tous ces livres avec un sourire poli, mais s'empressait de les ranger au fond d'un placard, avec **dédain**, sans même y jeter un regard, car…	mépris
peur	… elle n'aimait que les histoires de monstres horribles, terribles, irascibles et sans **pitié** !	cœur
à bout	À force de lire des histoires de monstres, elle finit par s'en inventer un, poilu, griffu, dentu, **enfin**… horrible, terrible, irascible et sans pitié…	bref
le nomma	et comme c'était un monstre bien à elle, elle **l'appela** Archnouff !	l'épela
	Un soir qu'elle était toute seule dans sa chambre et qu'elle pensait à lui, fort, très fort…	
se tenait	… la porte s'ouvrit. Archnouff **était** sur le seuil ! Bonsoir ! dit-il le plus simplement du monde… et il entra.	se prenait
	– Bonsoir, murmura Clara en reculant d'un pas.	
donnant	– Bonsoir, répéta Archnouff en lui **tendant** sa patte poilue et griffue.	tirant
main	Clara, en tremblant, y posa sa **menotte**, croyant déjà la voir broyée.	patte

	Mais non, c'était doux et chaud et elle en fut	
enchantée	un peu **déçue**.	chagrinée
	– Oh ! s'il te plaît, dit Archnouff, raconte-moi une histoire.	
retira	– Mais, c'est que... **bredouilla** Clara, je ne	hésita
	connais que des histoires de mons... enfin... de gens comme vous et je crains que cela ne vous amuse pas beaucoup.	
je ferais	– Non, non, dit Archnouff, **je voudrais**	j'aimerais
	entendre celles-ci ! Et il désigna l'armoire.	
hésitante	D'une petite voix **mal assurée**, Clara commença	plaisante
	par les histoires de grand-mère, mais Archnouff déclara :	
amusantes	– Ces histoires-là ne sont pas **drôles** du tout. Il	jolies
	s'intéressa beaucoup à celles de l'oncle Jacques.	
d'infimes	Il versa **d'abondantes** larmes aux histoires	de nombreuses
	de tante Irma.	
n'arrêtait	À celles de la cousine José, il **ne cessait** de	m'étonnait
	répéter :	
	– Passionnant, passionnant !	
	Les histoires de lapins roses de l'oncle Maurice	
fin	lui donnèrent grand **appétit**...	faim
	Enfin, il rit à en perdre le souffle aux histoires	
fichues	**farfelues** de grand-père.	bizarres
découragé	À la fin, **épuisé**, Archnouff dit :	à bout de forces
	– Tu ferais bien de t'essuyer les yeux !	
	Quand Clara remit le mouchoir sous son oreiller, elle était seule dans la chambre : Archnouff	
était revenu	**avait disparu**.	était parti
	Elle eut beau regarder partout, appeler... Archnouff n'était vraiment plus là. À sa place	
l'avait plu	il **ne restait** qu'une pile de livres.	n'y avait plus
récompensa	Alors Clara **comprit** que les monstres poilus,	réalisa
	griffus, dentus, enfin... horribles, terribles,	
pauvres	irascibles et **sans pitié**, n'existent que dans les	impitoyables
	livres et dans la tête des gens qui aiment trop	
laid	**s'en** inventer... et elle décida de relire un à un	les
	tous les livres qui lui avaient permis de passer	
instants	de si bons **moments** avec l'ami Archnouff.	un stand

D'après Monique Bermond, *Les Affreux Jojos*,
cité dans Jacqueline et Claude Held, *18 histoires succulentes*, Magnard, 1985.

1 point pour 2 mots. Compte tes points ______ puis colorie les pastilles : ○○○○

Plus de 11 → 4 pastilles	8 à 11 → 3 pastilles	4 à 7 → 2 pastilles	moins de 4 → 1 pastille

4 Des mots qui changent de sens (1)

Quand le mot en couleur évoque quelque chose d'agréable, entoure ☺.
Au contraire, si c'est désagréable, entoure ☹.
Les deux premiers mots sont donnés en exemple.

1

- a un **bon** chocolat aux noisettes
- b un **bon** coup de pied au derrière
- c une **bonne** soirée avec des amis
- d un **bon** repas chaud
- e une **bonne** angine

2

- a une **belle** punition
- b un **beau** geste
- c un **beau** menteur
- d une **belle** crapule
- e une **belle** histoire

3

- a une **jolie** frayeur
- b une **jolie** robe
- c une **jolie** fleur
- d un **joli** petit garçon
- e un **joli** paresseux
- f un **joli** bazar

4

- a un **parfait** filou
- b un **parfait** escroc
- c un travail **parfait**
- d un ouvrier **parfait**
- e un **parfait** honnête homme
- f une sauce **parfaite**

1 point pour 2 réponses. Compte tes points ______ puis colorie les pastilles : ○○○○

Plus de 8 → 4 pastilles	6 à 8 → 3 pastilles	3 à 5 → 2 pastilles	moins de 3 → 1 pastille

5 Les contraires (1)

Souligne, dans chaque paragraphe, le mot qui veut dire le contraire de chacun des mots de la liste. Le premier mot est donné en exemple.

Portrait des Gaulois

Les Gaulois semblent avoir été plutôt grands et souvent blonds. Les Romains, qui les combattaient, leur trouvaient un aspect terrifiant. Ainsi, pour rendre leurs cheveux plus clairs et plus épais, les guerriers les trempaient dans une sorte de pâte faite d'un mélange de poudre de craie et d'eau. Ils tiraient alors leur coiffure vers la nuque : en séchant, les cheveux se raidissaient en forme de crinière de cheval.

petits - rassurant - loin de - fins - s'assouplissaient.

Tous les Gaulois n'avaient pas forcément une chevelure naturellement blonde. Que faisaient les bruns pour éclaircir leur toison ? Eh bien, il semble qu'ils se décoloraient. [...] Quelques Gaulois portaient la barbe, mais la plupart d'entre eux n'avaient qu'une moustache, souvent longue et peu fournie. Jules César, le général romain qui conquit la Gaule, les décrit ainsi : « Les nobles se laissent pousser la moustache dans de telles proportions que leur bouche en est recouverte ; lorsqu'ils mangent, la nourriture s'y prend, et lorsqu'ils boivent, elle sert en quelque sorte de passoire. »

artificiellement - courte - tous les - couper.

Les femmes gauloises étaient également assez grandes. Elles portaient des cheveux longs, libres ou noués en tresses. Elles aimaient les bijoux d'or ou de bronze, et se maquillaient en se teignant les sourcils en noir et en rehaussant la couleur de leurs joues et de leurs lèvres.

au contraire - détestaient - attachés.

Les Gaulois aimaient les vêtements de couleurs vives, qui étaient souvent tissés avec de la laine. Les hommes portaient des pantalons appelés « braies », serrés aux chevilles. Les femmes s'habillaient d'une longue tunique. Un manteau retenu par une fibule recouvrait ces habits.

rarement - larges - ternes - courte.

Extrait de *Comment vivaient les Gaulois et les Celtes*, Nathan.

1 point pour 2 mots. Compte tes points ____ puis colorie les pastilles : ○○○○

Plus de 6 → 4 pastilles	5 ou 6 → 3 pastilles	3 ou 4 → 2 pastilles	moins de 3 → 1 pastille

1 La grille de mots

Utilise les syllabes pour compléter la grille. Les mots de la grille doivent s'enchaîner : la fin de l'un est le début du suivant.

SER — LON — GER — VAL — TER — MON

T	O	R	C	H	E
C	H	E	V	A	L
T	E	R	G	A	L

Retourne ton cahier pour lire les réponses.

2 Les phrases mystérieuses

Peux-tu lire ces phrases ?

Retourne ton cahier pour lire les réponses.

3 Histoire pour rire, histoire de rire !

– Bonjour, dit un monsieur, entrant dans une librairie. Je voudrais acheter un livre.
– Et de quel auteur ? interroge très poliment le libraire.
– Euh !... vingt centimètres de haut, environ !!

Texte de Béatrice Solleau, *300 histoires pour Lire*, Éd. Lito, 1992.

Réponses : 1. torche - cheval - valser - sermon - monter - tergal - gallon - longer.
2. Je suis très occupé (OQP) ! - Vous m'énervez (NRV) ! - Hélène (LN) est ma meilleure amie. - C'est la sœur d'Hervé (RV). - J'ai cédé (CD) aux caprices de mon petit frère : je lui ai prêté ma poupée et il l'a cassée (KC) ! - J'en ai assez (AC) !

6 Une ou un ? (2)

Aide-toi des trois définitions qui suivent chaque phrase pour savoir si les mots en couleur sont masculins ou féminins. Coche la (ou les) définition(s) qui t'ont été utiles. Entoure ensuite, dans la phrase, l'article ou l'adjectif qui convient.

a J'ai acheté ce/cette **livre** de poésies en Angleterre, il ne m'a coûté qu'un/une **livre**.

❏ **un livre** : ouvrage relié et imprimé.
❏ **une livre** : la moitié d'un kilogramme.
❏ **une livre** : monnaie anglaise.

b Dimanche dernier, nous sommes allés faire un/une **tour** du côté du château du village : dans le/la **tour** de gauche, se trouve l'atelier d'un potier qui travaille la terre sur son/sa **tour**.

❏ **un tour** : une promenade.
❏ **un tour** : planche tournante sur laquelle travaillent les potiers.
❏ **une tour** : bâtiment étroit et en hauteur, rond ou carré.

c Ce bateau est échoué sur le bord du fleuve depuis des années : ses flancs sont recouverts d'un beau/d'une belle **mousse** vert/verte.

❏ **la mousse** : écume sur la surface d'un liquide.
❏ **la mousse** : petites plantes qui poussent sur les troncs, les pierres.
❏ **le mousse** : apprenti marin.

d À l'automne, après une longue promenade en forêt, quel plaisir de retrouver un/une **gîte** bien chaud/chaude.

❏ **un gîte** : lieu où l'on habite, où l'on dort.
❏ **un gîte** : trou dans lequel vit le lièvre.
❏ **la gîte** : inclinaison d'un navire lorsqu'il se couche sur le côté.

e Pense à prendre le courrier en partant, je l'ai posé sur le/la **poste**, dans la cuisine. Et n'oublie pas que le/la **poste** ferme à 18 h 30 !

❏ **un poste** : appareil de radio ou de télévision.
❏ **un poste** : un emploi.
❏ **la poste** : administration chargée de l'acheminement du courrier.

1 point pour 2 réponses. Compte tes points ____ puis colorie les pastilles : ○○○○

Plus de 8 → 4 pastilles	6 à 8 → 3 pastilles	3 à 5 → 2 pastilles	moins de 3 → 1 pastille

7 Le sens du mot est dans la phrase

Coche la phrase dans laquelle le mot en couleur a le même sens que dans la phrase en italique.

a *Il s'approcha du comptoir du bar, demanda un ballon de rouge, puis, quand il fut servi, but son vin à petites gorgées gourmandes.*

- ❑ L'avant-centre des bleus trompa le goal des rouges et, en un instant, le **ballon** se retrouva dans les filets.
- ❑ Il en avait assez de ce café où il devait servir du matin au soir des **ballons** de côtes-du-Rhône ou de beaujolais à des ivrognes bavards ou coléreux.
- ❑ Cette rentrée d'argent arrive à point, c'est un véritable **ballon** d'oxygène.

b *La marmotte se plaît en haute montagne, c'est vraiment là son milieu.*

- ❑ Je n'aime pas être assis au **milieu** de gens trop bavards.
- ❑ Il a coupé cette feuille de papier juste en son **milieu**.
- ❑ Je me demande si les grandes villes sont un **milieu** bien agréable pour les enfants.

c *Il avait soixante ans, et ma foi, comme il était fatigué de son travail, il fut plutôt content de partir à la retraite.*

- ❑ « Je serai en **retraite** dans une dizaine d'années, d'ici là, j'ai encore beaucoup de kilomètres à parcourir sur les routes », déclara le chauffeur routier.
- ❑ Napoléon battu à Waterloo, les troupes françaises commencèrent une **retraite** qui se transforma bientôt en déroute.
- ❑ À dix ans, j'avais découvert une espèce de petite grotte, ignorée de tous, j'en fis ma **retraite** préférée.

d *Mon frère mit dans la cheminée une brassée de bois sec qui s'enflamma en un instant.*

- ❑ J'ai beau me creuser la tête pour répondre à cette question, il n'y a rien à faire, je reste **sec**.
- ❑ C'était un vrai pirate, jurant fort, buvant **sec** et ne craignant ni dieu ni diable.
- ❑ Quand le foin est **sec**, il faut le rentrer dans la grange.

Compte tes bonnes réponses ______ puis colorie les pastilles : ◯◯◯◯

4 → 4 pastilles	3 → 3 pastilles	2 → 2 pastilles	1 → 1 pastille

8 Des mots qui changent de sens (2)

Retrouve la définition du mot en couleur et coche la réponse. Fais bien attention au sens du mot dans la phrase.

a Mon oncle a toujours des **pépins** avec sa vieille voiture, il est obligé de la faire réparer régulièrement.

- ❑ Petite graine que l'on trouve dans certains fruits.
- ❑ Mot familier pour « parapluie ».
- ❑ Mot familier pour « ennui », « difficulté ».

b L'autre jour, j'ai glissé sur une plaque de verglas, je me suis fait un drôle de **bleu** à la cuisse.

- ❑ Une des sept couleurs de l'arc-en-ciel.
- ❑ Nom que l'on donne à certains vêtements de travail.
- ❑ Coloration de la peau, à la suite d'un coup, d'une chute.

c À la fin du marathon, j'étais fatigué et j'avais plein d'**ampoules** aux pieds.

- ❑ Petit tube de verre de forme allongée qui contient un médicament.
- ❑ Cloque provoquée par un frottement de la peau.
- ❑ Globe de verre contenant un gaz rare et un filament que le courant électrique rend lumineux.

d Il nous **assomme** avec ses histoires à dormir debout !

- ❑ Faire perdre connaissance en heurtant la tête.
- ❑ Étourdir.
- ❑ Ennuyer, fatiguer quelqu'un.

e Les musiciens ont touché un **cachet** important à la fin de leur spectacle.

- ❑ Médicament en forme de pastille.
- ❑ Marque imprimée que la poste met sur les timbres des lettres.
- ❑ Somme d'argent que l'on reçoit comme salaire pour un spectacle.

f Après avoir allumé le feu, elle a posé la boîte d'allumettes sur le **manteau** de la cheminée.

- ❑ Vêtement à manches que l'on porte quand il fait froid.
- ❑ Rebord situé au-dessus du foyer.
- ❑ Revêtement en goudron de la route.

Compte tes bonnes réponses ______ puis colorie les pastilles : ○○○○

Plus de 4 → 4 pastilles	4 → 3 pastilles	3 → 2 pastilles	moins de 3 → 1 pastille

9 Un mot pour un autre (2)

Entoure le mot de la marge qui peut remplacer le mot en couleur dans le texte. Attention à l'orthographe !
Le premier mot est donné en exemple.

Un drôle de baby-sitter[1]

(arriva)	Ce jour-là, M. Terrapin **rentra** de bonne heure. Il était pressé, mais il vit aussitôt que ses chérubins avaient bien rempli leur journée.	reviens
colorier	Ils avaient **peint** un éléphant rose sur la porte verte. […] Ils avaient mis de la confiture sur le loquet de la porte d'entrée.	dessiné
garnie	« Bien, bien, fit M. Terrapin en suçant ses doigts **pleins** de confiture. Après tout, ce sont des enfants. Ah ! de la confiture de framboises, ma préférée. » M. Terrapin enjamba lestement la fenêtre. « Millicent chérie ! appela-t-il. Maquille-toi vite, Millie	couverts
veste	chérie. Tu mettras ta **fourrure**. Nous sortons ce soir ! »	manteau
attachée	Millie Terrapin était **ligotée** au pied de la table avec des ceintures de robes de chambre. Alpha, Olivier et le petit Oméga dansaient la danse du feu, en pantalon de	habillée
Commanche	pyjama, peinturlurés comme des **guerriers indiens**. « Tu as passé une bonne journée, ma chérie ? demanda M. Terrapin. Allons, les enfants, libérez votre mère. Je sors avec elle ce soir. – Tu es arrivé au bon moment, Papa, dit Alpha. Nous	Apaches
feux	allions allumer le **bûcher**. – Vous n'avez plus le temps, dit M. Terrapin en souriant	feu
pirates	affectueusement à ses trois **brigands** de fils. Seras-tu bientôt prête Millie ? – Voyons, mon chéri, dit Mme Terrapin, tandis qu'Olivier la libérait. Je ne peux pas sortir, je ne peux pas laisser les enfants seuls […].	coquines
Prendre	– **Appelle** une baby-sitter, Millie, dit M. Terrapin en regardant sa montre. […] Téléphone à Mère l'Oie, qui tient une agence de garde d'enfants. Il paraît qu'elle a des	Téléphone à
types	baby-sitters de tous **genres**, pour toutes les situations. » […] Alpha, Olivier et Oméga semblaient mécontents.	sortes
plaisaient	Avoir une baby-sitter ne les **réjouissait** pas. Ils pensaient qu'ils pourraient se débrouiller tout seuls. […]	amusait

Corrigés

Objectif 1

Je m'entraîne à bien voir

Page 8 - Les mots cachés (1)

Mots à entourer

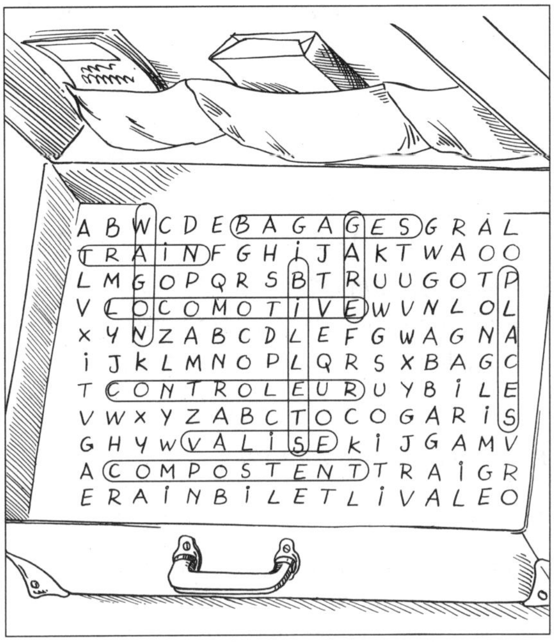

Page 9 - Les mots brûlés

Morceaux de phrases à cocher

b - c - e - f - h.

Pages 10-11 - À la recherche du bon numéro

Numéros des pages et thèmes à retrouver

	pages	thèmes
b :	88-89	11
c :	36	4
d :	68	8
e :	64-65	8
f :	44	5
g :	72-73	9
h :	12	1
i :	48-49	6
j :	60	7
k :	84	10
l :	52	6

Page 12 - Les mots sortis du texte

Morceaux de phrases à compléter

a : s'agit ; b : tranquille ; c : centre - banquette ; d : propre ; e : conduire.

Page 13 - Le ▲ secret

Phrases à cocher

a - c - d - e.

Page 15 - Les mots cachés (2)

Mots à souligner

buffle - heurte - silex - caverne - main - caverne - éclairer - sortie.

Page 16 - À chaque mot sa recette

Mots à recopier

L'œuf à la broche : œuf - braises - coquille - cuire - couteau - brochette.
L'œuf qui pleure : œuf - braises - coquille - pleure - coque.
L'œuf en patate : œuf - chapeau - braises - aluminium - cuire - cendre - patate.

Intrus à entourer

remue - feu - gant.

Page 17 - Les textes mêlés

Groupes de mots à recopier

Les Ouvriers acrobates : le monde entier - des conditions difficiles - au bord du vide - mal payés - toujours contents - quelques difficultés.
L'Inauguration de la tour Eiffel : ému aux larmes - fou de joie - la « grande dame de fer » - rouges et essoufflés.

Pages 18-19 - Mot à mot

Mots à retrouver

b : cobaye ; c : club ; d : coasser ;
e : se coaliser ; f : coche ; g : coassement ;
h : cobalt ; i : coaguler ; j : cocasserie.

Page 20 - Un intrus dans les mots « collés »

❶ *Vérifie avec ton maître ou ta maîtresse que tu as bien placé toutes les barres.*
Mots intrus à cocher
b : Lucky Luke ; c : imaginés ;
d : Goscinny ; e : célèbres ; f : devenus ;
g : vedettes.

❷ *Texte à compléter*
Astérix et **Lucky Luke** sont deux héros de bandes dessinées qui ont été **imaginés** par **Goscinny** et dessinés par Uderzo et Morris. Ces **célèbres** personnages sont également **devenus** des **vedettes** du dessin animé.

Objectif 2

Je m'entraîne à prévoir

Page 22 - Le bon mot (1)

Mots à entourer

a : en fait - c'est-à-dire.
b : souvent - pour.
c : au contraire.
d : comme - cela.
e : par contre.
f : Bien - dans.

Page 23 - La logique de la fin

Fins de phrases à cocher

a : elle avait été plus sucrée.
b : tu avais pris un livre.
c : nous serons en vacances ?
d : de le gaspiller.
e : nous avons prévu de sortir !
f : m'apportera une lettre de ma tante.
g : nous aurions pu nous baigner !
h : de réviser !

Pages 24-25 - Les mots masqués

Mots à entourer

mourir - après - danser - enfant - années - entendu - sourd - monstre - entrée - bruit - baguette - étonna - autre - déjà - peur - le temps - existe - colère.

Page 26-27 - Chaque morceau de phrase à sa place

Numéros à écrire

château de glace, **2**. et se mit à rire **4**.
3 il s'est si bien réchauffé. et veut les enfiler **1**.
les seigneurs fainéants, **5**.

Page 28 - Les lignes mélangées (1)

❶ *Lignes à numéroter*
3 - 9 - 12 - 10 - 5 - 2 - 11 - 7 - 6 - 4 - 8 - 1.

❷ *Mots à entourer*
a : va chercher ; b : La grand-mère ;
c : gelaient ; d : fondaient - bruit.

Page 30 - Le bon mot (2)

Mots à entourer

a : pourtant ; b : à cause de - Cependant ;
c : En revanche ; d : c'est pourquoi - De plus ;
e : Cependant - ainsi que.

Page 31 - La logique du début

Débuts de phrases à cocher

a : Il est préférable que
b : Quel dommage
c : Je suis vraiment désolée
d : Es-tu certain
e : Il est indispensable de savoir nager
f : C'est merveilleux
g : J'ai bien envie
h : Il suffit de pousser

Page 32 - Les mots en marge

❶ *Mots à entourer*
Boeing 747 - 322 tonnes - volait - avec 450 passagers - atterri - urgence - sur l'aéroport - morceau - l'aile gauche - se détacher - lancé un appel de détresse - charge - les contrôleurs du ciel - poser l'appareil - l'aviation civile - les passagers - réconfortés - ont regagné un autre avion.

❷ *Titre à cocher*

Un automobiliste roule sans permis et mord un policier.

Page 33 - Les mots intrus

❶ *Mots ou groupes de mots à entourer*
b : quadrillées ; c : Michel ; d : Louis XV ; e : de mots croisés ; f : française ; g : autrefois.

❷ *Mots ou groupes de mots à entourer*
a : cendrée ; b : d'alerte ; c : d'artifice ; d : sous-marin ; e : et moi ; f : des femmes.

Pages 34-35 - Chaque phrase à sa place

❶ *Barre à placer*
Puis je me suis de nouveau éloignée. **I** Magique !

❷ *Barre à placer*
Berthe était la seule femme du groupe. **I** Monet et ses amis étaient pauvres car personne ne voulait acheter leurs toiles.

Page 36 - Les lignes mélangées (2)

❶ *Lignes à numéroter*
9 - 7 - 5 - 3 - 8 - 2 - 4 - 6 - 1.

❷ *Lignes à numéroter*
3 - 5 - 11 - 4 - 7 - 9 - 1 - 13 - 6 - 12 - 2 - 8 - 10.

❸ *Titre à écrire*
Texte 1 : Plus de peur que de mal !
Texte 2 : Une voiture sans chauffeur !

Objectif 3

Je comprends les mots

Page 38 - Une ou un ? (1)

Mots à cocher

a : de la ; b : un joli ; c : la - le ; d : une bonne - un bon ; e : le.

Page 39 - Le même sens

❶ *Mots à entourer*
b : énorme ; c : brûlant ; d : catastrophique ; e : superbe ; f : gigantesque ; g : excellent ; h : microscopique.

❷ *Phrases à entourer*
a : Elle dévore. ; b : Il n'a plus un sou ! ; c : Elle fait très peur. ; d : Il est à bout de forces. ; e : Ça coûte cher ! ; f : C'est en ruine !

Pages 40-41 - Un mot pour un autre (1)

Mots à entourer

dans lesquelles - volatiles - de nombreuses - le sujet - blagueur - mépris - cœur - bref - le nomma - se tenait - donnant - main - chagrinée - hésita - j'aimerais - hésitante - amusantes - de nombreuses - n'arrêtait - faim - bizarres - à bout de forces - était parti - n'y avait plus - réalisa - impitoyables - les - instants.

Page 42 - Des mots qui changent de sens (1)

Dessins à entourer

1 : a - c - d ; 2 : b - e ; 3 : b - c - d ; 4 : c - d - e - f.

1 : b - e ; 2 : a - c - d ; 3 : a - e - f ; 4 : a - b.

Page 43 - Les contraires (1)

Mots à souligner

terrifiant - épais - vers - se raidissaient - naturellement - Quelques - longue - pousser - également - libres - aimaient - vives - souvent - serrés - longue.

Page 45 - Une ou un ? (2)

Définitions à cocher et mots à entourer

a : ce - une ; il fallait cocher la première et la troisième définitions.

b : un - la - son ; il fallait cocher les trois définitions.
c : d'une belle - verte ; il fallait cocher la deuxième définition.
d : un - chaud ; il fallait cocher la première définition.
e : le - la ; il fallait cocher la première et la troisième définitions.

Page 46 - Le sens du mot est dans la phrase

Phrases à cocher

a : Il en avait assez de ce café où il devait servir du matin au soir des ballons de côtes-du-Rhône ou de beaujolais à des ivrognes bavards ou coléreux.
b : Je me demande si les grandes villes sont un milieu bien agréable pour les enfants.
c : « Je serai en retraite dans une dizaine d'années, d'ici là, j'ai encore beaucoup de kilomètres à parcourir sur les routes », déclara le chauffeur routier.
d : Quand le foin est sec, il faut le rentrer dans la grange.

Page 47 - Des mots qui changent de sens (2)

Définitions à cocher

a : Mot familier pour « ennui », « difficulté ».
b : Coloration de la peau, à la suite d'un coup, d'une chute.
c : Cloque provoquée par un frottement de la peau.
d : Ennuyer, fatiguer quelqu'un.
e : Somme d'argent que l'on reçoit comme salaire pour un spectacle.
f : Rebord situé au-dessus du foyer.

Pages 48-49 - Un mot pour un autre (2)

Mots à entourer

dessiné - couverts - veste - attachée - Apaches - feu - pirates - Téléphone à - types - amusait - bizarre - étonnant - énorme - alla - paraissait - En réalité.

Page 50 - Les contraires (2)

❶ *Mots à entourer*
b : dedans - dehors ; c : ralentir - accélérer ; d : bruyant - silencieux ; e : lentement - rapidement.

❷ *Mots à entourer*
a : décrocher - accrocher ; b : crier - murmurer ; c : une qualité - un défaut ; d : avec - sans ; e : joyeusement - tristement.

Objectif 4

J'exerce ma mémoire

Pages 52-53 - Le dessin en mémoire (1)

❷ *Éléments à barrer*
a. le portique - le sapin - la caravane - les fleurs - la barrière.
b. la corbeille à papier - le mot « grammaire » - le dessin des montagnes au mur - le crayon - le cartable - la chaise de la table de droite.
c. la banane - le lionceau - l'arbre - le ballon - les glaces - le chapeau - le seau.

Page 54 - La liste en mémoire (1)

❷ *Listes à cocher*
a : 2e liste
b. 1re liste
c. 2e liste
d. 1re liste

Page 55 - L'information en mémoire

❷ *Cases à cocher*
l'ours polaire : b - e - g - i - j - k.
l'ours brun : c - h - j - k.
le panda : d - f - k - l.

Pages 56-57 - Les faits en mémoire (1)

❷ *Informations à cocher*
1 : Il s'agit d'un concert ; On entendra

du piano ; L'entrée sera payante ;
Ça se passera le soir.
2 : On peut louer un appartement ;
L'appartement se trouve dans l'Hérault ;
L'appartement se trouve à Capestant ;
Il y a une piscine tout près ; L'appartement est à 3 km de la mer.
3 : Il y aura un nouvel atelier à la MJC de Saint-Julien ; Dès le 1er avril, on pourra s'inscrire à cet atelier ; Il s'agit d'un atelier de tricot ; Il s'agit d'un atelier de broderie.
4 : Des noix ; du sel ; un œuf ; du sucre ; du lait ; de la farine ; de la levure ; On se sert d'un moule, d'un saladier, d'une tasse et d'un verre ; Il faut d'abord laisser refroidir, puis démouler le pain de noix.

Page 58 - L'histoire en mémoire (1)

❶ *Phrases à compléter*
a : **Plus** le seigneur a froid, **plus** le Petit Méchant Gel l'attaque.
b : Le Petit Méchant Gel arrive à geler le seigneur **malgré** ses vêtements chauds.
c : Quand le seigneur arrive chez lui, il ne parle plus **car** son gosier **est gelé**.
d : **Plus** le paysan travaille, et **moins** il a froid.
e : Le paysan finit par **ôter** ses moufles tellement il a **chaud**.
f : Le paysan **frappe** ses gants afin de les **assouplir**.

❷ *Résumé à compléter*
Le seigneur arrive dans un **chariot** tiré par un **cheval** richement **harnaché**. Aussitôt, le **Petit Méchant Gel** se jette sur lui pour le **geler**. Le seigneur **claque** des dents, ordonne à son **serviteur** d'accélérer. Il a si **froid** qu'il ne peut même plus **parler**. Il a le **gosier** gelé. Quand il arrive chez lui, il est **raide** comme un bonhomme de neige.

Pages 60-61 - Le dessin en mémoire (2)

❶-❸ *Mots à entourer*
A : pomme - poire - banane - raisin - ananas - cerise - fraise.
B : bague - ballon - couvercle - bouton - roue - pièce de monnaie - pendule.
C : éléphant - lion - girafe - hippopotame - singe - renard.

❷-❹ *Mots à écrire, barrer ou entourer*
D : un train - une corde à sauter - un ballon.
E : un gilet de laine - un bonnet - des chaussettes de laine - un anorak.
F : un téléphone - un verre - un livre.

Pages 62-63 - La liste en mémoire (2)

❶ *Titres à cocher*
a : jeu/outil.
b : petit/grand.
c : sauvage/domestique.
d : noir/blanc.
e : sucré/salé.

❷ *Listes à compléter*
Compare tes listes avec celles de la page 62.

Pages 64-65 - Les faits en mémoire (2)

Phrases à compléter

1-a ; 2-h ; 3-g ; 4-e ; 5-c ; 6-d ; 7-f ; 8-b.

Page 66 - L'histoire en mémoire (2)

Résumé à compléter

Clara recevait beaucoup de **livres**. Sa grand-mère, qui aimait **la morale**, choisissait des histoires où tous les enfants sont **sages**.
L'oncle Jacques, qui était **vétérinaire**, choisissait des histoires d'**animaux**.
Son grand-père, qui était blagueur, choisissait des histoires farfelues. La cousine José, qui avait fait le tour du monde, choisissait des histoires d'**aventures**. Mais Clara n'aimait que les livres qui parlaient de **monstres**.
À force de lire des histoires de **monstres**, Clara s'en était inventé un. Elle l'avait appelé **Archnouff**.
Un soir qu'elle était toute seule, la porte s'ouvrit et **Archnouff** apparut. Il demanda à Clara de lui raconter des histoires. Clara commença par les histoires de **grand-mère**, mais il ne les trouva pas **drôles** du tout.
Il s'intéressa beaucoup aux histoires de **l'oncle Jacques**, il **pleura** en écoutant

celles de tante Irma. Les histoires de l'oncle Maurice lui donnèrent **faim** et celles de grand-père le firent **rire** à en perdre le souffle. Puis soudain, **Archnouff** disparut. En souvenir de son ami, Clara décida de **relire** tous les livres qui lui avaient fait passer de si bons **moments** avec lui.

Objectif 5

Je lis pour chercher des informations

Pages 68-69 **- La réponse est dans le document (1)**

Réponses à cocher

a : les illustrations ; b : le texte ; c : le texte et les illustrations ; d : faux ; e : vrai ; f : il cueille le sel ; g : la paludière.

Pages 70-71 **- À chacun sa réponse (1)**

Résultats du test

Si tu as obtenu entre 9 et 14 points.
La gourmandise n'est visiblement pas ton défaut majeur ! Si tu désires devenir cuisinier ou pâtissier, rassure-toi, il n'est pas nécessaire d'être gourmand(e) pour exercer ces professions. En revanche, je te recommande d'être un peu plus curieux(se) et d'exercer tes papilles gustatives. Goûter et choisir ne veulent pas dire s'empiffrer !
Certes, dans notre société, on mange trop ; mais n'est-ce pas agréable de manger bien, de manger de bonnes choses ?
Si tu as obtenu entre 15 et 21 points.
Tu n'es pas à proprement parler gourmand(e), peut-être serais-tu gourmet ! Préférer la qualité à la quantité, voilà qui est faire preuve d'une grande sagesse.
Si tu as obtenu entre 22 et 27 points.
Mais comment fait-on pour être aussi gourmand(e) ? Es-tu bien sûr(e) d'avoir un estomac, n'est-ce pas plutôt un gouffre ? Si tu as mal à l'estomac, consulte un spéléologue !
Je te conseille un test supplémentaire : installe-toi devant le gâteau que tu préfères pour le déguster... des yeux simplement !
Si tu résistes moins de cinq minutes, ton cas est vraiment désespéré. Si tu tiens le coup plus d'une demi-heure, tu as peut-être une chance de t'en sortir ! En attendant, bon appétit !

Page 72 **- La bonne affirmation (1)**

Réponses à cocher

a : l'après-midi ; b : samedi ; c : le musée du Costume ; d : On peut ; e : 3 ; f : ne peuvent pas ; g : 11 h ; h : Au musée du Costume.

Pages 74-75 **- La réponse est dans le document (2)**

❶ *Réponses à cocher*
a : vrai ; b : faux ; c : vrai ; d : vrai ; e : vrai ; f : faux.

❷ *Réponses à cocher*
a : faux ; b : vrai ; c : vrai ; d : vrai ; e : vrai ; f : vrai.

Pages 76-77 **- À la recherche du bon paragraphe**

Titres des paragraphes à retrouver

b : La balle ; c : Les règles du jeu ; d : Les joueurs ; e : Le terrain ; f : Les règles du jeu ; g : Les joueurs ; h : La balle ; i : Un jeu dangereux ; j : Les règles du jeu.

Pages 78-79 **- À chacun sa réponse (2)**

Résultats du test

Si tu as obtenu de 8 à 12 points.
Aïe ! Aïe ! Aïe ! ton cas est quasiment désespéré ! Un conseil : évite les puzzles de 2 000 pièces et autres jeux de patience et inscris-toi le plus vite possible à un cours de yoga pour te calmer les nerfs.

Si tu as obtenu de 13 à 18 points.
Ta patience a des limites, c'est bien normal. Mais ça n'est pas une raison pour essayer de resquiller une place dans la file d'attente ou klaxonner à tue-tête dans les embouteillages ! Un conseil : apprends à respirer profondément et à garder ton calme quand tu sens que la moutarde te monte au nez !

Si tu as obtenu de 19 à 24 points.
Bravo ! Une telle patience mérite d'être saluée. Mais attention que ton petit frère ou ta petite sœur n'en profite pas pour te faire tourner en bourrique ! Un conseil : inscris-toi au prochain concours de châteaux de cartes. Si en plus tu es habile, tu as toutes tes chances !

Page 80 - La bonne affirmation (2)

Réponses à cocher

a : faux ; b : vrai ; c : faux ; d : vrai ; e : faux ; f : vrai.

Objectif 6

Je m'entraîne à résumer

Page 82 - Le bon titre (1)

Titres à cocher

a : La vitesse des gouttes de pluie ;
b : La vitesse de la mer au Mont-Saint-Michel ; c : Un raz-de-marée, qu'est-ce que c'est ? ; d : Un courant bien pratique !

Page 83 - Autrement dit (1)

Informations à souligner

b : qui est musicien à la Cour ;
c : il est en train de devenir sourd ;
d : et de problèmes visuels ;
e : Contrairement à celle des musiciens classiques qui cachent leurs sentiments ;
f : Son mal empire ; Les consonnes ont disparu.

Page 84 - À chaque dialogue son résumé

Résumés à cocher

a : Victor, en rentrant de l'école, n'est pas en forme, mais sa mère lui dit qu'il n'a pas de fièvre, qu'il est juste fatigué.
b : Fanny propose à Martin de faire un gâteau à l'aide d'un livre de cuisine, mais son ami se demande s'il est bien prudent d'allumer le four en l'absence de sa maman.
c : Deux chats parlent de leur vie : l'un est heureux, l'autre beaucoup moins.

Page 85 - Le bon résumé

Résumé à cocher et mots à supprimer

Il fallait cocher le **résumé 2.**

Mots à barrer dans le résumé 1 :
Il rencontra **une sorcière** occupée à taper sur un jeu...
Mais **la sorcière** ne fit pas attention...
... ce qui **amusa** beaucoup le monstre...
... et essaya également de la faire **rire**...
... puis s'assit dans un coin et **s'endormit**...

Groupes de mots à barrer dans le résumé 3 :
... Il rencontra d'abord un garçon **qui avait beaucoup de devoirs**...
... Mais la petite fille **n'avait pas le temps de lui parler**...

Pages 86-87 - L'information principale

Phrases à cocher

a : Le chien de Mme Duchamp a été retrouvé.
b : Les prix vont être en baisse à Intercourse, du 5 au 12 avril.
c : L'Auberge du Chevalier se trouve dans la vallée de la Serpente, à 25 km de Lornac et propose trois menus.
d : Yvan Ducroc ne pourra pas aller à l'école car il a mal au pied.
e : Il y a une villa à vendre près de Cordic. Elle vaut 1 250 000 F.
f : Il y a un spectacle de cirque le 23 juillet à Champville.
g : Le carnaval d'Allavon a eu un grand succès.

Page 89 - Autrement dit (2)

Phrases à cocher et informations à souligner

a : 2e phrase ; février.
b : 1re phrase ; Esméralda.
c : 2e phrase ; son roman - qui aura un succès inouï.
d : 1re phrase ; sur une feuille volante - Georges et Jeanne - Le plus grand poète du XIXe siècle.

Pages 90-91 - La même information

Réponses à cocher

les mêmes informations : b - e.
moins d'informations : a - c - d.

Informations à entourer

hôtel BRENNUS
tél. : 03 85 64 04 40
fax. : 03 85 65 44 10

Vous accueille dans un cadre rénové

Charmante demeure du XIXe siècle au centre-ville, 25 chambres calmes de grand confort (TV, Canal +, satellite, téléphone)

• Parking privé •
• Salle de réunion (30 personnes) •

Venez découvrir...
LA CITÉ DE L'ABEILLE
Alain & Évelyne BENIN
VISCOMTEL
RUCHES VITRÉES • MIELLERIE
DIAPORAMA • RUCHER D'INTÉRIEUR
EXPO RUCHES ANCIENNES
DÉGUSTATION PRODUITS DE LA RUCHE
TARTINERIE : SPÉCIALITÉS AU MIEL

Visite guidée :
tous les après-midi
du 15/06 au 13/09
Tous les dimanches après-midi
du 01/05 au 25/12
Le reste de l'année : Tél. 05 72 75 91 13

HÔTEL** RESTAURANT*
La Croix Blanche
Lionel Suchot
L'étape des gourmets
Mariages, banquets, séminaires
LOGIS DE FRANCE
terrasse ombragée,
jardin, parking fermé
9, rue Victor-Guichard 89500 SENON
Tél. 03 85 64 00 02 • Fax 03 85 65 29 19

Pages 92-93 - À chacun sa petite annonce

Annonces à retrouver

a : 12 - 15 - 19 ;
b : 7 ;
c : 17 - 18 ;
d : 9 ;
e : 8 ;
f : 14 ;
g : 4.

Pages 94-95 - Le bon titre (2)

Titres et paragraphes à associer

a : Misère à l'étage ; b : Tissu ou papier peint ? ; c : Gare au déménageur ! ; d : À l'eau, à l'eau ! ; e : Au bain ! ; f : En sécurité autour de la cheminée ; g : Morts de froid ; h : Petits ramoneurs ; i : Au cabaret, on y danse !

surprenante	Un quart d'heure plus tard, on entendit un **curieux** *tipeti-clic ! tipeti-cloc !* dans l'allée du jardin. *Cliqueti-clang !* on frappa à la porte.	bizarre
étonnant	M. Terrapin alla ouvrir et dévisagea l'**étrange** personnage qui se trouvait devant lui. « Monsieur Mâchefer ? demanda-t-il poliment. – Ou plutôt ce qu'il en reste, camarade », grogna une	drôles
énorme	**terrible** voix. Le baby-sitter poussa brusquement M. Terrapin d'un	grosses
alla	coup d'épaule. *Tipeti-clic ! tipeti-cloc !* Il **se dirigea** vers la cuisine. Il portait un long manteau vert et avait noué un foulard à pois sur sa tête. Avec sa jambe de bois, son	précipita
devaient	bras en étain et son bandeau sur l'œil gauche, il **semblait** avoir perdu pas mal de morceaux, mais ce qui restait était amplement suffisant. Jamais personne ne l'aurait	paraissait
Au fait	pris pour un baby-sitter. **En fait**, il sautait aux yeux du plus myope marin d'eau douce (M. Terrapin, par exemple) qu'Orphée Mâchefer était un pirate !...	En réalité

Margaret Mahy, *Le Grand Charivari*,
traduction Marie-Raymond Farre, © Éditions Gallimard, 1983.

1. Un(e) baby-sitter est une personne que l'on emploie pour garder les enfants à la maison lorsque leurs parents sortent.

1 point pour 2 mots. Compte tes points ______ puis colorie les pastilles : ○○○○

Plus de 6 → 4 pastilles	5 ou 6 → 3 pastilles	3 ou 4 → 2 pastilles	moins de 3 → 1 pastille

10 Les contraires (2)

1 Deux mots contraires se sont glissés dans chaque liste. Entoure-les. La première liste est donnée en exemple.

a calme - généreux - gourmand - boudeur - (courageux) - espiègle - gentil - (paresseux) - honnête - agile - poli - menteur.

b loin - dedans - au-dessus - sur - lointain - en haut - après - avec - puis - dehors - ensuite.

c partir - choisir - ralentir - louer - porter - sortir - accélérer - aller - déguerpir - alourdir - saler.

d dur - râpeux - léger - élégant - poussiéreux - bruyant - solide - sucré - fort - brillant - rond - silencieux.

e lentement - souvent - joliment - durement - poliment - gentiment - bêtement - rapidement - inutilement - légèrement.

2 Deux mots contraires se sont glissés dans chaque liste. Entoure-les.

a déboiser - débuter - décrocher - enrager - filer - décourager - défiler - boiter - buter - rigoler - dégringoler - accrocher.

b crier - pleurer - manger - murmurer - sortir - chahuter - coller - taper - poser - découper - écrire - mentir.

c un mensonge - une peur - une colère - une qualité - un défaut - une bêtise - une distraction - un cri - un secret.

d tard - loin - avant - là-bas - pour - avec - depuis - alors - mais - sous - sans.

e calmement - prudemment - méchamment - silencieusement - joyeusement - autrement - manuellement - vraiment - tristement.

1 point par liste. Compte tes points ______ puis colorie les pastilles : ○○○○

Plus de 7 → 4 pastilles	6 ou 7 → 3 pastilles	4 ou 5 → 2 pastilles	moins de 4 → 1 pastille

OBJECTIF
4

j'exerce ma mémoire

Observe le dessin, cache-le et retrouve de mémoire tous les animaux.

1 Le dessin en mémoire (1)

▶ **1** **Observe attentivement le dessin a. Tu dois fixer dans ta mémoire le nom et la place des objets, des animaux ou des personnages.**
Cache ensuite le dessin, et lis la consigne 2 page 53.

a

b

c

2 **Barre dans le dessin a tout ce qui n'était pas dans le dessin que tu viens d'observer page 52.
Recommence ensuite avec le dessin b page 52.**

a

b

c

1 point par élément trouvé. Compte tes points ______ puis colorie les pastilles : ○○○○

Plus de 14 → 4 pastilles	10 à 14 → 3 pastilles	5 à 9 → 2 pastilles	moins de 5 → 1 pastille

2 La liste en mémoire (1)

1 Lis attentivement la première liste de mots, a. Cherche sa « logique » en t'aidant de son titre. Essaye de mémoriser cette liste. Cache-la et lis la consigne 2.

a sucré/salé
pomme - haricot - banane - carotte - pêche - poivron - prune - radis.

b animal/végétal
moustique - abeille - iris - guêpe - mouche - tulipe - moucheron - fourmi - jonquille.

c je m'habille
culotte - chaussettes - chemise - pantalon - gilet - manteau - écharpe - bonnet.

d le repas
rillettes - truite aux amandes - poulet rôti - haricots verts - fromage - tarte aux pommes - glace vanille - café.

2 Coche, dans la première série, la liste qui est identique à celle que tu viens de lire. Recommence ensuite avec la liste b ci-dessus.

a
- ❑ pomme - abricot - banane - carotte - pêche - poisson - prune - radis.
- ❑ pomme - haricot - banane - carotte - pêche - poivron - prune - radis.

b
- ❑ moustique - abeille - iris - guêpe - mouche - tulipe - moucheron - fourmi - jonquille.
- ❑ moustique - abeille - marguerite - guêpe - mouche - jonquille - moucheron - fourmi - tulipe.

c
- ❑ culotte - chaussettes - pantalon - chemise - gilet - manteau - bonnet - écharpe.
- ❑ culotte - chaussettes - chemise - pantalon - gilet - manteau - écharpe - bonnet.

d
- ❑ rillettes - truite aux amandes - poulet rôti - haricots verts - fromage - tarte aux pommes - glace vanille - café.
- ❑ rillettes - truite aux amandes - poulet rôti - haricots verts - fromage - glace vanille - tarte aux pommes - thé.

1 point par liste. Compte tes points ______ puis colorie les pastilles : ○○○○

4 → 4 pastilles	3 → 3 pastilles	2 → 2 pastilles	1 → 1 pastille

3 L'information en mémoire

Relis attentivement les textes « Les ours au quotidien », page 22 et « Les ours en danger », page 30. Sois attentif aux informations concernant l'ours polaire, l'ours brun et le panda.
Cache ensuite les textes et complète le tableau en cochant les cases qui conviennent.
La première case est donnée en exemple.

	l'ours polaire	l'ours brun	le panda
a Il n'y en a plus un seul dans les Alpes depuis 1937.		X	
b Il se nourrit de poissons et de phoques.			
c Les bergers le chassaient parce qu'il s'attaquait aux moutons.			
d Il est végétarien.			
e Il a une fourrure épaisse et grasse.			
f C'est l'ours le plus menacé dans le monde.			
g Il peut nager très longtemps.			
h On peut le rencontrer dans les Pyrénées.			
i Il a failli disparaître à cause de son beau pelage.			
j Ils sont carnivores.			
k Ce sont des plantigrades.			
l Il n'en reste pas plus d'un millier.			

1 point par croix. Compte tes points ____ puis colorie les pastilles : ○○○○

Plus de 11 → 4 pastilles | 8 à 11 → 3 pastilles | 4 à 7 → 2 pastilles | moins de 4 → 1 pastille

4 Les faits en mémoire (1)

1 Lis attentivement le texte a. Sois attentif aux détails (noms des personnes, des lieux, horaires). Cache ensuite le texte et lis la consigne page 57.

a Un concert de piano aura lieu samedi 15 février à la salle des fêtes de Trompette-les-Bois, rue Van-Gogh, à 20 h 30. Prix des places 80 F. Venez nombreux !

b À louer à Capestant (département de l'Hérault) appartement 4 personnes, tout confort, plage à 3 km, pour les vacances de Pâques. Parking clos, piscine au pied de l'immeuble.

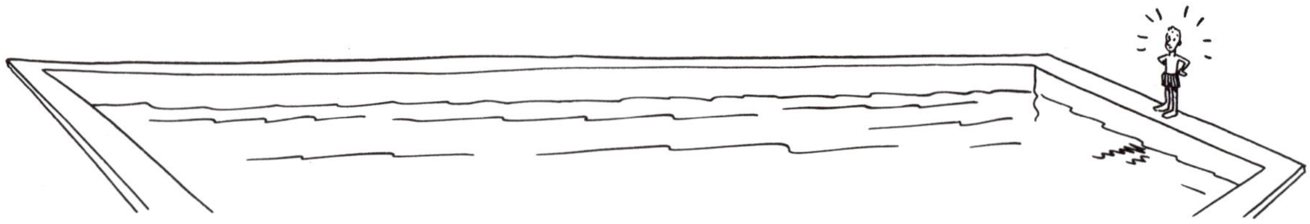

c La MJC (Maison des jeunes et de la culture) de Saint-Julien ouvre un nouvel atelier. Broderie et tricot vous seront proposés à partir du lundi 7 avril, de 14 h à 18 h à la MJC.
L'atelier sera animé par Mme Potier. Chaque participant apportera son matériel (aiguilles, laine et fil à broder).
Inscriptions à la MJC, à partir du 1er avril. Prix pour l'année : 90 F.

d Pain de noix

Ingrédients : 1 verre à moutarde de farine ; 3 cuillères à café de levure ; 1/2 cuillère à café de sel ; 1/2 tasse de sucre en poudre ; 1 tasse de lait ; 1 œuf ; 1 tasse de noix épluchées.

1. Mélange dans un saladier la farine, la levure, le sel, le sucre et les noix.
2. Mélange à part l'œuf battu et le lait, puis verse-les dans le saladier.
3. Beurre un moule, verses-y le mélange.
4. Fais cuire à four moyen une heure.
5. Laisse refroidir avant de démouler.

2 Coche, dans la série 1, les informations que te donnait le texte a. Retourne ensuite page 56 et recommence avec le texte b et la série 2.

1
- ❑ Il s'agit d'une fête.
- ❑ Il s'agit d'un concert.
- ❑ Il y aura de nombreux musiciens.
- ❑ On entendra du piano.
- ❑ L'entrée sera payante.
- ❑ Ça se passera l'après-midi.
- ❑ Ça se passera le soir.
- ❑ On entendra de la trompette.
- ❑ On verra des peintures de Van Gogh.
- ❑ Il y aura un tarif réduit pour les enfants.

2
- ❑ On peut acheter un appartement.
- ❑ On peut louer un appartement.
- ❑ L'appartement se trouve dans l'Hérault.
- ❑ L'appartement se trouve à Capestant.
- ❑ Le prix est raisonnable.
- ❑ On peut y aller au mois d'août.
- ❑ Il y a une piscine tout près.
- ❑ L'appartement est à 3 km de la mer.

3
- ❑ Il y aura un nouvel atelier à la MJC de Saint-Julien.
- ❑ Dès le 1er avril, on pourra participer à cet atelier.
- ❑ Dès le 1er avril, on pourra s'inscrire à cet atelier.
- ❑ Il s'agit d'un atelier de tricot.
- ❑ Il s'agit d'un atelier de broderie.
- ❑ Mme Potier apportera tout le matériel.
- ❑ L'atelier aura lieu dans la salle 18 de la MJC.
- ❑ Le prix est de 90 F par semaine.

4 Pour faire cette recette :
il faut ❑ du pain ❑ des noix ❑ de la moutarde ❑ du sel ❑ un œuf
❑ du sucre ❑ du café ❑ une moule ❑ du lait ❑ de la farine
❑ de la levure ❑ de la salade ❑ de la poudre.

- ❑ Il faut mélanger ensemble l'œuf et la farine, à part.
- ❑ On se sert d'un moule, d'un saladier, d'une tasse et d'un verre.
- ❑ On utilise du sucre en morceaux.
- ❑ Il faut d'abord laisser refroidir, puis démouler le pain de noix.

1 point pour 2 croix. Compte tes points ______ puis colorie les pastilles : ◯◯◯◯

Plus de 9 → 4 pastilles	7 à 9 → 3 pastilles	4 à 6 → 2 pastilles	moins de 4 → 1 pastille

5 L'histoire en mémoire (1)

1 Relis attentivement le texte « Le Petit Méchant Gel » pages 26-27. Sois attentif aux personnages, aux détails de l'histoire, à l'ordre dans lequel les événements ont lieu.
Puis, sans revenir au texte, complète les phrases suivantes.

a ______________ le seigneur a froid, ______________ le Petit Méchant Gel l'attaque. (plus/moins)

b Le Petit Méchant Gel arrive à geler le seigneur ______________ ses vêtements chauds. (malgré/grâce à)

c Quand le seigneur arrive chez lui, il ne parle plus ______________ son gosier ______________. (sinon/car ; va geler/est gelé)

d ______________ le paysan travaille, et ______________ il a froid. (plus/moins)

e Le paysan finit par ______________ ses moufles tellement il a ______________. (mettre/ôter ; chaud/froid)

f Le paysan ______________ ses gants afin de les ______________ (tord/frappe ; réchauffer/assouplir).

2 Sans revenir au texte, complète le résumé suivant en t'aidant des mots de la liste. Attention aux intrus !

raide - froid - carrosse - serviteur - Grand Méchant Gel - geler - gosier - claque - grince - harnaché - bœuf - Petit Méchant Gel - cheval - chariot - serviteur - seigneur - parler.

Le seigneur arrive dans un ______________ tiré par un ______________ richement ______________. Aussitôt, le ______________ se jette sur lui pour le ______________. Le seigneur ______________ des dents, ordonne à son ______________ d'accélérer. Il a si ______________ qu'il ne peut même plus ______________. Il a le ______________ gelé. Quand il arrive chez lui, il est ______________ comme un bonhomme de neige.

1 point pour 2 mots. Compte tes points ______ puis colorie les pastilles : ○○○○

Plus de 9 → 4 pastilles	7 à 9 → 3 pastilles	4 à 6 → 2 pastilles	moins de 4 → 1 pastille

1 La phrase spirale

Reproduis la spirale ci-dessous sur la grille en couleur. Puis, suis le tracé de la spirale en partant de la lettre en couleur : tu découvriras une phrase qui te parle d'un record. Attention les mots ne sont pas séparés !

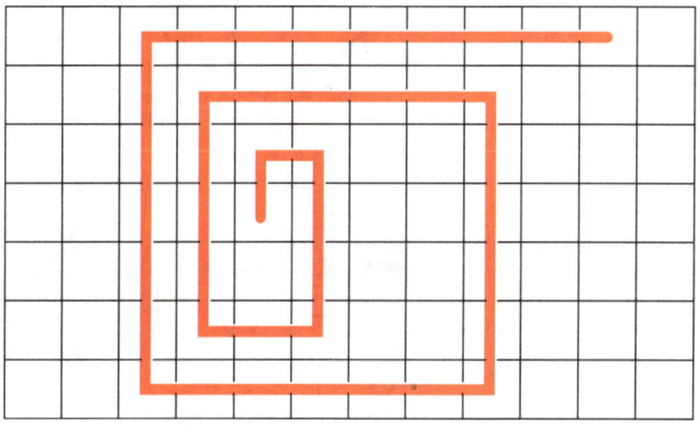

		B	R	I	D	E	C	U	B	A	
		I	O	I	S	E	A	U	T	S	
		L	T	E	P	V	A	D	U		
		O	I	L	L			U			
		C	T		U			M	M		
		E	E	P	S			O			
		L	T	S	E	E	D	N			

2 Devinettes

1. Quel est le comble pour un juge ?
2. Quel est le comble pour un coiffeur ?
3. Quel est le comble pour un électricien ?

3 Le « B » en mémoire

Cherche dans tous ces dessins tous ceux qui commencent par « B ». Puis cache les dessins et, de mémoire, essaye d'en retrouver le plus possible. Si tu en retrouves au moins 8, c'est bien. Si tu en retrouves plus de 12, bravo !

Réponses : 1. Le plus petit oiseau du monde est le colibri de Cuba.
2. 1. Manger un avocat ! 2. Raser les murs ! 3. Ne pas être au courant !

6 Le dessin en mémoire (2)

1 Observe attentivement le dessin a en t'aidant de l'indice. Cache-le et lis la consigne 3 page 61.

a

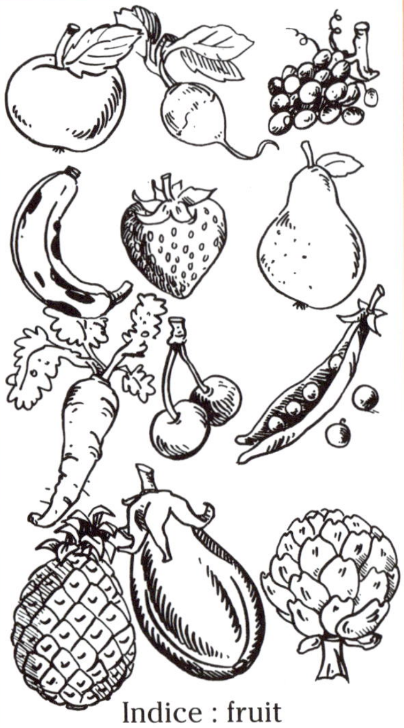

Indice : fruit

b

Indice : forme

c

Indice : pattes

2 Observe attentivement le dessin d en t'aidant de l'indice. Cache-le et lis la consigne 4 page 61.

d

Indice : jouet

e

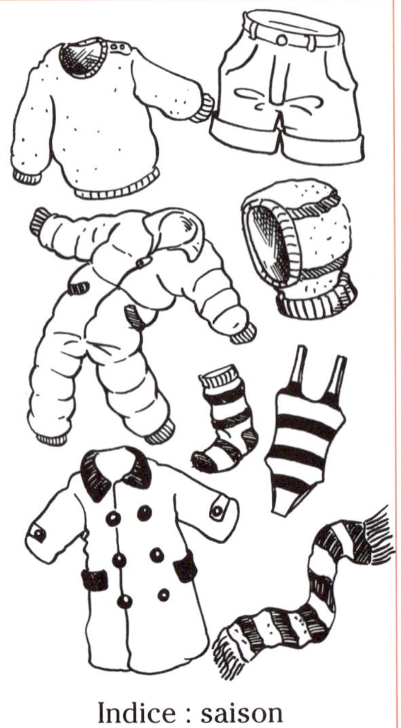

Indice : saison

f

Indice : deux par deux

3 Pour chaque dessin, ici le dessin a, reporte-toi aux consignes ci-dessous. Retourne ensuite page 60 et recommence avec le dessin b.

A Entoure le nom de tous les fruits qui étaient sur le dessin a :

pomme - melon - poire - banane - abricot - raisin - kiwi - ananas - cerise - fraise - orange - framboise.

B Entoure le nom de tous les objets de forme ronde qui étaient sur le dessin b :

bague - ballon - couvercle - assiette - disque - bouton - cerceau - pomme - roue - pièce de monnaie - volant - pendule - bulle.

C Entoure le nom de tous les animaux à quatre pattes qui étaient sur le dessin c :

éléphant - chat - tigre - lion - chèvre - mouton - girafe - hippopotame - rhinocéros - singe - cheval.

4 Pour chaque dessin, ici le dessin d, reporte-toi aux consignes ci-dessous. Retourne ensuite page 60 et recommence avec le dessin e.

D Complète la liste des jouets qui étaient sur le dessin d.

une poupée - une voiture - une ferme - ________________________________

____

E Barre les noms des vêtements d'hiver qui n'étaient pas sur le dessin e.

un pull - une écharpe - un gilet de laine - un tee-shirt - un maillot de bain - un manteau - un bonnet - une combinaison de ski - une cagoule - des chaussettes de laine - un anorak.

F Entoure le nom des objets qui étaient en double sur le dessin f.

un couteau - un téléphone - un vase - un verre - une brosse à dents - une trompette - un livre - une tasse - une lampe de chevet - un marteau.

1 point pour 2 mots. Compte tes points ______ puis colorie les pastilles : ○○○○

Plus de 12 → 4 pastilles	8 à 12 → 3 pastilles	4 à 7 → 2 pastilles	moins de 4 → 1 pastille

7 La liste en mémoire (2)

1 Lis attentivement la première liste de mots, a. Cherche sa « logique » et coche le titre qui convient. Cache-la et lis la consigne 2 de la page 63.

a ❑ **animal/objet** ❑ **jeu/outil** ❑ **animal/outil**

petits chevaux/tournevis - jeu de l'oie/scie - puzzle/pinceau - billes/pioche - quilles/râteau - cerf-volant/marteau - balle/râpe.

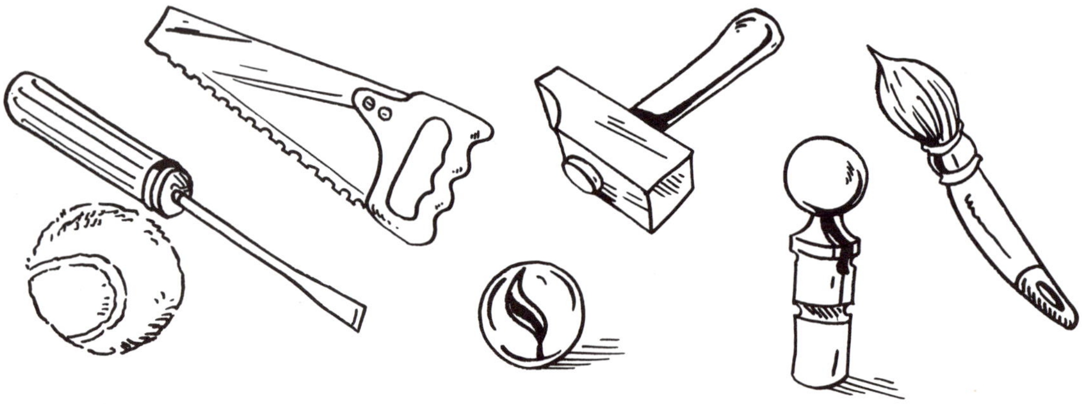

b ❑ **noir/blanc** ❑ **petit/grand** ❑ **sauvage/domestique**

fourmi/mouton - mouche/ours polaire - coccinelle/cheval - crevette/vache - limace/biche - guêpe/zèbre - moustique/âne.

c ❑ **sauvage/domestique** ❑ **méchant/gentil** ❑ **froid/chaud**

lion/poule - renard/chat - biche/canard - tigre/chien - sanglier/cochon - ours/dindon.

d ❑ **insecte/oiseau** ❑ **noir/blanc** ❑ **petit/grand**

mouche/cygne - fourmi/pélican - charbon/craie - corbeau/mouton - goudron/neige - merle/farine - café/lait.

e ❑ **dessert/viande** ❑ **cru/cuit** ❑ **sucré/salé**

banane/poulet - fraises/jambon - crème vanille/saucisson - croissant/purée - confiture/pâté - miel/pizza - bonbon/crevettes.

2 Choisis, parmi les mots proposés, ceux qui te permettent de compléter la liste a, que tu viens de lire. Retourne ensuite page 62 et recommence avec la liste b.

a puzzle - pelle - tournevis - pioche - billes - quilles - cartes.

petits chevaux/____________ - jeu de l'oie/scie - puzzle/pinceau - ________/pioche - ________/râteau - cerf-volant/marteau - balle/râpe.

b coccinelle - abeille - fourmi - ours polaire - araignée - limace - zèbre.

_________/mouton - mouche/______________ - _______________/cheval - crevette/vache - __________/biche - guêpe/________ - moustique/âne.

c renard - oie - dindon - cerf - singe - biche - tigre - marcassin - cochon - panthère - lion.

______________/poule - ______________/chat - ______________/canard - ______________/chien - sanglier/______________ - ours/______________

d charbon - sel - émail - fourmi - mouton - sucre - pélican - neige - poivre - merle.

mouche/cygne - ______________/______________ - ______________/craie - corbeau/______________ - goudron/______________ - ______________/farine - café/lait.

e rôti - jambon - saucisson - crème au chocolat - gâteau au chocolat - pâté - tarte - pêches - banane - pain au chocolat - croissant - bonbon.

______________/poulet - fraises/______________ - crème vanille/______________ - ______________/purée - confiture/______________ - miel/pizza - ______________/crevettes.

1 point pour 2 mots. Compte tes points _____ puis colorie les pastilles : ○○○○

Plus de 9 → 4 pastilles	7 à 9 → 3 pastilles	4 à 6 → 2 pastilles	moins de 4 → 1 pastille

8 Les faits en mémoire (2)

1 Lis attentivement ces trois articles. Sois attentif aux noms des personnes, à ce qui leur est arrivé, et aux lieux.
Lis ensuite la consigne 2 page 65.

a Collision à Arçon : un blessé léger

Une collision entre une voiture et un cyclomoteur s'est produite samedi vers 19 h, sur la départementale 402, à Arçon. Le cyclomotoriste, Hervé Gallison, a été légèrement blessé dans l'accident. Il a été conduit à l'hôpital par les pompiers du centre de secours.

b L'hôpital déshabillé par les pompiers, à Senon

Le vent soufflait assez violemment samedi. En passant devant l'hôpital, M. Dausavit a remarqué que le vent s'engouffrait dans les bâches recouvrant les échafaudages de l'hôpital, actuellement en travaux. Il a aussitôt donné l'alerte. Pour éviter tout accident, les pompiers ont décroché les bâches. Ils ont travaillé à une dizaine de mètres de hauteur, employant la grande échelle. Cette intervention, assez impressionnante, a été suivie par de nombreux curieux.

c Feu de poubelles à Raustan

Mardi, vers 19 h, les pompiers de Raustan ont été appelés pour intervenir sur un feu de poubelles, qui venait de prendre dans un immeuble de la rue Jean-Jaurès. Un jeune cyclomotoriste a donné l'alerte. En passant devant l'immeuble, il avait vu de la fumée. Il n'y a eu heureusement aucun blessé et le feu a été rapidement éteint. Son origine reste toutefois à déterminer.

2 Les phrases 1 à 8 résument les informations contenues dans les trois articles que tu viens de lire, mais elles sont incomplètes. Sans revenir à la page 64, recopie à la suite de chaque début de phrase la fin qui convient.

1 C'est à Arçon qu'il y a eu ____________________

2 C'est à Raustan qu'il y a eu ____________________

3 En passant devant l'hôpital, ____________________

4 Lors de l'incendie de poubelles de la rue Jean-Jaurès, ____________________

5 Lors de la collision de samedi, à Arçon, ____________________

6 Hervé Gallison a été conduit ____________________

7 C'est pour éviter tout accident que ____________________

8 Il a fallu utiliser une grande échelle ____________________

- **a** une collision.
- **b** à l'hôpital de Senon.
- **c** il n'y a eu qu'un blessé léger.
- **d** à l'hôpital par les pompiers.
- **e** il n'y a eu aucun blessé.
- **f** les pompiers ont décroché les bâches.
- **g** M. Dausavit a remarqué que le vent s'engouffrait dans les bâches.
- **h** un feu de poubelles.

Compte tes bonnes réponses ____ puis colorie les pastilles : ○○○○

Plus de 6 → 4 pastilles	5 ou 6 → 3 pastilles	3 ou 4 → 2 pastilles	moins de 3 → 1 pastille

9 L'histoire en mémoire (2)

Relis attentivement le texte « Clara », pages 40-41. Sois attentif aux personnages, aux détails de l'histoire, à l'ordre dans lequel les événements ont lieu. Puis, sans revenir au texte, complète le résumé en t'aidant des mots de la liste. Certains mots peuvent servir plusieurs fois. Attention aux intrus !

livres - grand-père - moments - l'oncle Albert - sages - aventures - Atchoum - grand-mère - drôles - tristes - monstres - l'oncle Jacques - faim - soif - pleura - vétérinaire - rire - pleurer - ranger - méchants - relire - écrire - Archnouff - la morale - animaux.

Clara recevait beaucoup de ______________. Sa grand-mère, qui aimait ______________, choisissait des histoires où tous les enfants sont ______________. L'oncle Jacques, qui était ______________ choisissait des histoires d'______________. Son grand-père, qui était blagueur, choisissait des histoires farfelues. La cousine José, qui avait fait le tour du monde, choisissait des histoires d'______________. Mais Clara n'aimait que les livres qui parlaient de ______________.

À force de lire des histoires de ______________, Clara s'en était inventé un. Elle l'avait appelé ______________.

Un soir qu'elle était toute seule, la porte s'ouvrit et ______________ apparut. Il demanda à Clara de lui raconter des histoires.

Clara commença par les histoires de ______________, mais il ne les trouva pas ______________ du tout. Il s'intéressa beaucoup aux histoires de ______________, il ______________ en écoutant celles de tante Irma.

Les histoires de l'oncle Maurice lui donnèrent ______________ et celles de grand-père le firent ______________ à en perdre le souffle. Puis soudain, ______________ disparut.

En souvenir de son ami, Clara décida de ______________ tous les livres qui lui avaient fait passer de si bons ______________ avec lui.

Compte tes bonnes réponses ______ puis colorie les pastilles : ○○○○

Plus de 14 → 4 pastilles	10 à 14 → 3 pastilles	5 à 9 → 2 pastilles	moins de 5 → 1 pastille

OBJECTIF 5

Je lis pour chercher des informations

Colorie, dans la parade du cirque, les artistes qui sont annoncés sur le programme.

UN MÉTIER PEU CONNU : PALUDIER

Qu'est-ce qu'un paludier ?

Le métier de paludier consiste à récupérer le sel dans les marais salants (on dit aussi **les salines**).
En France, il existe des salines dans le Midi et en Bretagne.

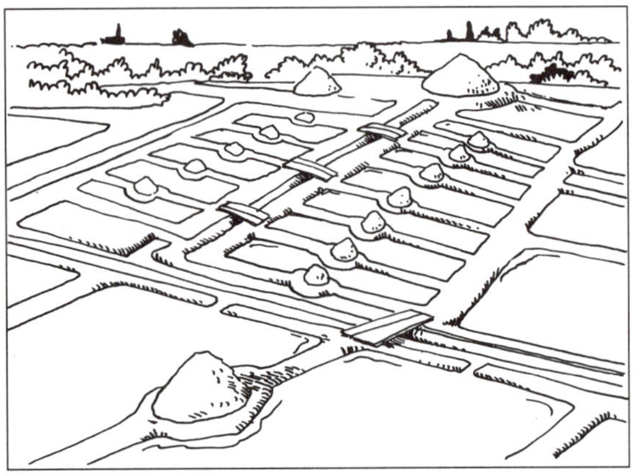

Une saline

Qu'est-ce qu'un marais salant ?

C'est un immense terrain plat en bord de mer. Il est divisé en petits rectangles de dix mètres sur sept environ, qu'on appelle **des œillets**. Chaque œillet est bordé de petits murs en argile. Lorsque la mer est haute, on fait entrer l'eau dans les œillets par de petits canaux qu'on appelle **des étiers**. Avec des vannes, on règle la hauteur de l'eau dans chaque œillet : cinq centimètres, pas plus. Elle va s'y évaporer tout doucement.

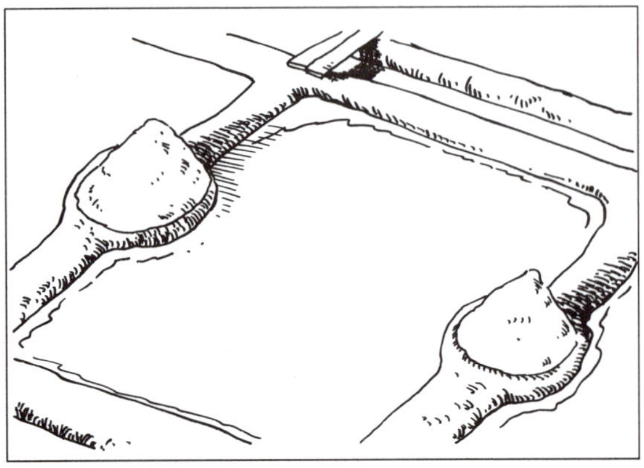

Un œillet

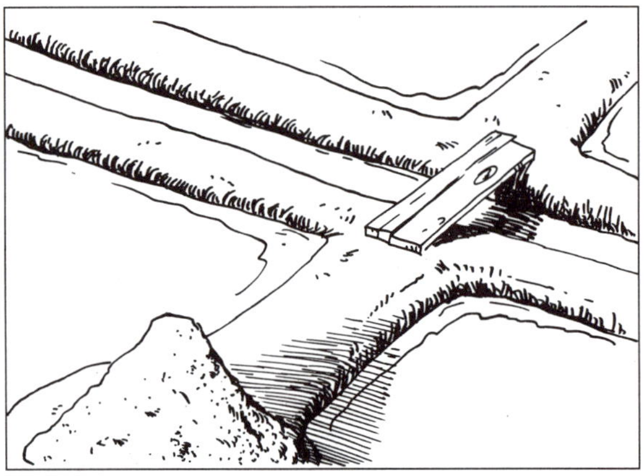

Un étier

Comment récolte-t-on le sel ?

On laisse l'eau s'évaporer pendant plusieurs semaines. Le sel forme, peu à peu, une pellicule blanche à la surface de l'eau. C'est **le sel blanc** ou **fleur de sel** qu'on ramasse avec une grande pelle. On dit qu'on **cueille le sel**. Ensuite, lorsque toute l'eau s'est évaporée, on tire **le sel gris** avec un grand râteau.
Le sel est mis à sécher, en petits tas, puis stocké dans une grange spéciale, **la salorge**, construite toute en bois.

Une salorge

Quand récolte-t-on le sel ?

Le paludier cueille le sel de mai à septembre. Le reste du temps, il entretient ses œillets.

1 La réponse est dans le document (1)

**Aide-toi du document ci-contre pour cocher la bonne réponse.
Attention ! Plusieurs réponses sont possibles.**

a Quelle partie du document te donne des informations sur la forme d'une **salorge** ?

❏ le texte ❏ les illustrations

b Quelle partie du document te permet de savoir où l'on trouve des **salines** en France ?

❏ le texte ❏ les illustrations

c Quelle partie du document te donne des informations sur la forme d'un **marais salant** ?

❏ le texte ❏ les illustrations

d L'**œillet** est un outil : le paludier s'en sert pour ramasser le sel.

❏ vrai ❏ faux

e L'eau de mer arrive dans la **saline** par les **étiers**, puis elle s'étale dans les **œillets**.

❏ vrai ❏ faux

f Que fait le **paludier** au mois d'août ?

❏ Il cueille le sel. ❏ Il entretient ses œillets.

g Qui, sur les dessins ci-dessous, est en train de cueillir de la **fleur de sel** ?

❏ le paludier ❏ la paludière

Un paludier ramasse le sel gris au râteau.

Une paludière ramasse le sel blanc à la pelle.

Compte tes bonnes réponses ____ puis colorie les pastilles : ◯◯◯◯

Plus de 6 → 4 pastilles	5 ou 6 → 3 pastilles	3 ou 4 → 2 pastilles	moins de 3 → 1 pastille

2 À chacun sa réponse (1)

1 Lis chaque situation. Puis, coche la suite qui te convient le mieux.

Test : es-tu gourmand(e) ?

1 Dans une maison, laquelle de ces trois pièces préfères-tu ?

a ❑ la salle de bains
b ❑ la cuisine
c ❑ la salle à manger

2 Tu as gagné un livre à la tombola de la fête de l'école. On te donne le choix entre trois titres d'ouvrages : lequel choisis-tu ?

a ❑ *50 recettes faciles pour les enfants*
b ❑ *Le Goûter de Gargantua*
c ❑ *Ali Baba et les Quarante Voleurs*

3 Tu es invité(e) à l'anniversaire de ta meilleure amie ; quelle est la première chose que tu dis en entrant chez elle ?

a ❑ « Bon anniversaire ! »
b ❑ « Bon anniversaire ! Hmm ! ça sent bon chez toi ! »
c ❑ « Quand est-ce qu'on goûte ? »

4 À la fin du repas, on apporte une délicieuse crème au chocolat sur la table.

a ❑ Tu te précipites sur le plat.
b ❑ Tu tends ton assiette en souriant pour qu'on te serve.
c ❑ Tu attends qu'on te serve.

5 Dans le placard, il ne reste plus qu'un gâteau et c'est l'heure de goûter.

a ❑ Comme ta sœur arrive, vite, tu te dépêches d'avaler le gâteau.
b ❑ Ta sœur arrive. Tu lui proposes de partager le gâteau en deux.
c ❑ Du pain c'est très bien pour le goûter ; tu laisses le gâteau à ta sœur.

6 Pour toi, qu'est-ce qui est le plus important dans le métier de cuisinier ?

a ❑ On peut, tous les jours, et à toute heure, manger les plats qu'on préfère.
b ❑ C'est un métier où l'on gagne bien sa vie.
c ❑ Cuisiner est une activité agréable.

7 Dans une histoire, il y a trois personnages. D'après leurs noms, lequel te semble le plus sympathique ?

a ❑ Jeannette Lacoquette
b ❑ Julien Gourmet
c ❑ Léon Glouton

8 Dans laquelle de ces trois situations aimerais-tu le moins te trouver ?

a ❑ Tu viens d'être malade ; arrive sur la table un bouillon de légumes bien chaud et on te dit : « Il vaut mieux que tu n'en manges pas trop, tu risquerais de retomber malade. »

b ❑ Tu viens d'être malade, tu peux te rendre sur la plage, mais on te dit : « Ne te baigne pas aujourd'hui, tu risquerais de retomber malade. »

c ❑ Tu viens d'être malade ; arrive sur la table un magnifique gâteau et on te dit : « Il vaut mieux que tu n'en manges pas, tu retomberais malade ! »

9 Quel serait, pour toi, le rêve le plus délicieux ?

a ❑ Traverser un lac de mousse au chocolat sur une barque en nougatine.

b ❑ Se baigner dans un lac de mousse au chocolat.

c ❑ Offrir une tour Eiffel géante en nougatine et chocolat.

2 Entoure le nombre de points correspondant aux réponses que tu as cochées dans le test. Reporte tes points dans la colonne de droite du tableau. Calcule ton total et compare-le aux résultats du test dans les corrigés.

questions	réponses			tes points
	a	b	c	
1 ______	1 point ____	3 points ____	2 points ____	________
2 ______	3 points ____	2 points ____	1 point ____	________
3 ______	1 point ____	2 points ____	3 points ____	________
4 ______	3 points ____	2 points ____	1 point ____	________
5 ______	3 points ____	2 points ____	1 point ____	________
6 ______	3 points ____	1 point ____	2 points ____	________
7 ______	1 point ____	2 points ____	3 points ____	________
8 ______	2 points ____	1 point ____	3 points ____	________
9 ______	2 points ____	3 points ____	1 point ____	________
			ton total :	________

3 La bonne affirmation (1)

Agenda

— SAMEDI —

Cinéma

Le Vauban. – À 15 h et à 20 h 30, Les 101 DALMATIENS. À 15 h, à 20 h 30 et à 22 h 30, MARS ATTACKS (durée : 1 h 45). À 22 h 30, DERNIER RECOURS (durée : 1 h 40, interdit aux moins de 12 ans).

Culture et loisirs

Office du tourisme. – Au 6, rue Bocquot, ouvert de 9 h 30 à 12 h 30 et de 14 h à 18 h, *tél. 02 86 34 14 19.*

Piscine. – Ouverte au public de 15 h à 19 h.

Bibliothèque municipale. – Fermée.

Bibliothèque saint-Jacques. – Ouverte de 10 h 15 à 11 h 30.

Musée du Costume. – 6, rue Le Grand, ouvert de 10 h 30 à 12 h 30 et de 13 h 30 à 17 h 30. Exposition : « Reflets du XVIIIe siècle dans la mode », *tél. 02 86 34 19 95.*

— DIMANCHE —

Cinéma

Le Vauban. – À 17 h et à 20 h 30, LES 101 DALMATIENS. À 17 h, 20 h 30 et 22 h 30, MARS ATTACKS. À 22 h 30, DERNIER RECOURS.

Culture et loisirs

Office du tourisme. – Ouvert de 10 h à 13 h et de 14 h 30 à 18 h.

Piscine. – Fermée.

Bibliothèques. – Fermées.

Musée. – Mêmes horaires que samedi.

Aide-toi du document « Agenda » pour compléter correctement les affirmations suivantes. Coche à chaque fois la bonne réponse.

a Samedi, la piscine est ouverte
- ❑ le matin.
- ❑ l'après-midi.

b À 15 h, on peut voir le film *Les 101 Dalmatiens,*
- ❑ samedi.
- ❑ dimanche.

c Au 6, rue Le Grand se trouve
- ❑ l'office du tourisme.
- ❑ le musée du Costume.

d
- ❑ On peut
- ❑ On ne peut pas

aller à la bibliothèque samedi.

e Au cinéma, dimanche on peut voir
- ❑ 17
- ❑ 20
- ❑ 3

films.

f Les enfants de CM2
- ❑ peuvent
- ❑ ne peuvent pas

aller voir le film *Dernier Recours.*

g Dimanche, on peut aller au musée du Costume à
- ❑ 9 h.
- ❑ 11 h.

h
- ❑ Au musée du Costume,
- ❑ À l'office du tourisme,

on peut voir une exposition.

Compte tes **bonnes réponses** ____ puis colorie les pastilles : ◯◯◯◯

Plus de 6 → 4 pastilles	5 ou 6 → 3 pastilles	3 ou 4 → 2 pastilles	moins de 3 → 1 pastille

Jeux

1 À la recherche du trésor

Suis le chemin indiqué, et tu trouveras au pied de quel arbre se trouve le trésor (un rond = 1 pas).

Place-toi sur la case Départ.

Fais : 2 pas vers le sud.
4 pas vers l'est.
2 pas vers le sud.
1 pas vers l'ouest.
3 pas vers le nord.
2 pas vers l'est.
5 pas vers le sud.
1 pas vers l'est.
4 pas vers le nord.
1 pas vers l'est.

Retourne ton cahier pour lire la réponse.

2 L'acrobate

Comprends-tu ce que dit cet acrobate ? Pour t'aider à déchiffrer, son dernier mot est « assiette » (un signe = une lettre).

Fred Joos, *Mikado,* n° 30, avril, © Milan Presse, 1986.

Retourne ton cahier pour lire la réponse.

3 Histoire pour rire, histoire de rire

Victor demande à Élodie :
– Connais-tu le meilleur moyen de se reposer, quand on est fatigué ?
– Non.
– Eh bien ! tu sors cinq chemises de l'armoire.
– Pourquoi cinq chemises ?
– Parce que cinq chemises, ça fait dix manches, et dimanche, c'est un jour de repos !

Réponse : **1. L'arbre A ; 2. L'acrobate dit : « Je ne suis pas dans mon assiette. »**

Relais Soleil

	Le Faucigny	Les Pavillons du Golfe	Château de Boisseron	Le Pré du lac	Les Nivéoles	Le Carrefour de l'amitié	La Porte ouverte	Domaine du Thronnet	La Gironie	Le Sorbier	L'Éterlou	L'Eau vive	Les Flocons verts	Château de Faverges
Montagne randonnée	●	●		●	●	●	●	●		●	●	●	●	●
Escalade	●			●	●	●	●	●	●	●	●	●	●	●
Deltaplane	●			●				●					●	●
Parapente	●			●	●	●	●	●					●	
Spéléologie					●	●	●	●	●	●	●	●		
Pêche		●	●	●	●	●	●	●	●	●	●	●		●
Plongée sous-marine		●				●	●	●						
Canoë-Kayak				●	●	●	●	●	●	●	●	●		
Planche à voile	●	●		●	●	●	●	●	●	●	●	●		●
Voile		●		●		●	●	●	●					●
Lac / Piscine / Mer	●	●	●	●	●	●	●	●	●	●	●	●	●	●
Golf	●								●				●	
Mini-golf		●		●	●	●	●	●						
Vélo			●	●	●	●	●	●	●					●
Tennis	●	●	●	●	●	●	●	●	●	●	●	●	●	●
Équitation	●	●		●	●	●	●	●	●	●	●	●	●	●
Tir à l'arc	●	●	●	●	●	●	●		●	●	●	●	●	
Tir à la carabine														●
Raid 4 x 4		●												
Vélo de randonnée	●		●		●	●	●	●		●	●	●	●	
Sauna										●	●	●		
Labo photo				●	●	●	●	●		●	●	●		●
Rafting	●												●	

Signification des pictogrammes

- Montagne randonnée
- Escalade
- Deltaplane
- Parapente
- Spéléologie
- Pêche
- Plongée sous-marine
- Canoë-Kayak
- Planche à voile
- Voile
- Lac / Piscine / Mer
- Golf
- Mini-golf
- Vélo
- Tennis
- Équitation
- Tir à l'arc
- Tir à la carabine
- Raid 4 x 4
- Vélo de randonnée
- Sauna
- Labo photo
- Rafting

4 La réponse est dans le document (2)

1 Aide-toi du document « Relais Soleil » pour cocher la bonne réponse.

		vrai	faux
a	On peut faire du  dans tous les « Relais Soleil ».	❑	❑
b	On peut faire de l' dans tous les « Relais Soleil ».	❑	❑
c	Il y a un  dans seulement trois « Relais Soleil ».	❑	❑
d	À L'Éterlou, on peut pratiquer l' la  et le , c'est-à-dire l'escalade, la planche à voile et le tir à l'arc.	❑	❑
e	À L'Eau vive, on peut pratiquer le  l' le , c'est-à-dire le tennis, l'équitation, le labo photo.	❑	❑
f	À La Porte ouverte, je pourrai faire du  et du .	❑	❑

2 Aide-toi du document « Relais Soleil » pour cocher la bonne réponse.

		vrai	faux
a	On peut faire du tir à la carabine au Château de Boisseron.	❑	❑
b	On peut se baigner dans tous les « Relais Soleil ».	❑	❑
c	On peut faire de la planche à voile dans 12 « Relais Soleil ».	❑	❑
d	Il n'y a qu'aux Pavillons du Golfe qu'on peut faire du raid 4 x 4.	❑	❑
e	Il n'y a qu'un « Relais Soleil » où on ne peut pas monter à cheval.	❑	❑
f	Si on veut faire du vélo de randonnée, mieux vaut ne pas s'inscrire au Château de Faverges.	❑	❑

Compte tes bonnes réponses ____ puis colorie les pastilles : ○○○○

Plus de 9 → 4 pastilles	7 à 9 → 3 pastilles	4 à 6 → 2 pastilles	moins de 4 → 1 pastille

LE TLACHTLI OU JEU DE BALLON AZTÈQUE

Tu as déjà vu des matchs de foot. Tu y joues peut-être toi-même. Mais sais-tu comment on jouait au ballon chez les Aztèques*, il y a quelques centaines d'années ?

Le terrain

Pour jouer au tlachtli, ou jeu de ballon aztèque, il fallait un grand rectangle de 36 m de long et de 14 m de large partagé en deux camps.
Le terrain était entouré d'une haute barrière. Un anneau, semblable à un panier de basket, était fixé verticalement dans la barrière, à 2 ou 3 m de haut. Il était placé au-dessus de la ligne de séparation des deux camps.

Les joueurs

Pour jouer au tlachtli, il fallait deux équipes de 10 joueurs chacune. Ils étaient tous vêtus de costumes très colorés.

La balle

On jouait avec une balle en caoutchouc très dur qui pesait 2 kg environ.

Remarque : un ballon de foot aujourd'hui pèse moins de 500 grammes.

Les règles du jeu

Chaque camp devait renvoyer la balle dans le camp ennemi sans qu'elle touche terre. Les joueurs ne pouvaient lancer la balle qu'avec les hanches, le dos, les coudes et les genoux. On ne devait se servir ni des mains, ni des pieds, ni de la tête. On ne pouvait pas, non plus, aller dans le camp ennemi. Si on ne pouvait pas renvoyer la balle dans le camp adverse, les ennemis marquaient 1 point. Si on réussissait à faire passer la balle dans l'anneau de la barrière, on marquait 5 points. L'équipe qui, la première, marquait 25 points avait gagné.
Les vainqueurs étaient applaudis et recevaient des cadeaux : des bijoux et des capes de plumes.
Les vaincus étaient parfois égorgés en l'honneur du dieu des jeux appelé Xoloth.

Un jeu dangereux

Le tlachtli était un jeu très dur et même très dangereux. Les joueurs se protégeaient avec de petits coussins aux coudes et aux genoux. Malgré cela beaucoup étaient blessés ou même tués par la lourde balle.

* Les Aztèques vivaient encore au XVe siècle, au Mexique. Ils ont utilisé le caoutchouc bien avant nous.

5 À la recherche du bon paragraphe

Cherche dans quelle partie du document ci-contre tu peux trouver les réponses aux questions. Écris le titre du paragraphe dans lequel se trouve la réponse.
La première réponse est donnée en exemple.

a Quelles étaient les dimensions du terrain de tlachtli ? **Le terrain**.

b En quelle matière était faite la balle ? ____________________

c Comment devait-on lancer la balle pour jouer ? ____________________

d Combien de joueurs y avait-il par équipe ? ____________________

e À quelle hauteur était fixé l'anneau sur le terrain ? ____________________

f Combien fallait-il marquer de points pour gagner ? ____________________

g Comment étaient habillés les joueurs de tlachtli ? ____________________

h La balle de tlachtli était-elle plus lourde ou moins lourde qu'un ballon de football actuel ? ____________________

i Pourquoi les joueurs devaient-ils se protéger avec des petits coussins ?

____

j Que se passait-il quand on faisait passer la balle dans l'anneau ?

____

Compte tes bonnes réponses ____ puis colorie les pastilles : ○○○○

Plus de 7 → 4 pastilles 6 ou 7 → 3 pastilles 4 ou 5 → 2 pastilles moins de 4 → 1 pastille

6 À chacun sa réponse (2)

1 Lis chaque situation. Puis, coche la suite qui te convient le mieux.

Test : es-tu patient(e) ?

1 Ton petit frère te demande pour la quatrième fois en un quart d'heure de lui raconter la même histoire. Que fais-tu ?

a ❑ Tu t'installes confortablement dans un fauteuil et tu lui relis l'histoire.
b ❑ Tu lui expliques que tu n'as pas envie de raconter une fois de plus la même histoire et tu lui proposes un autre jeu.
c ❑ Énervé(e), tu lui prends le livre des mains et tu le poses violemment sur le buffet. Puis tu allumes la télévision en mettant le son assez fort pour couvrir ses pleurs.

2 Ouf ! Enfin en vacances ! Les valises sont déjà dans le coffre. Tu sautes dans la voiture et en route pour la plage ! Mais, au bout de 20 km, vous êtes bloqués dans un embouteillage.

a ❑ Tu conseilles au chauffeur de klaxonner.
b ❑ Tu en profites pour te plonger dans la lecture de ton magazine préféré.
c ❑ Tu rêves de tordre le cou à tous ces imbéciles qui bloquent la circulation.

3 Au concours du chocolat « Sakrok », tu as gagné un voyage d'une semaine en Angleterre. En arrivant à l'aéroport, on t'annonce que l'avion a deux heures de retard.

a ❑ De rage, tu déchires ton billet d'avion et tu rédiges une lettre d'insultes au directeur des chocolats « Sakrok ».
b ❑ Formidable, tu as deux heures devant toi pour visiter l'aéroport !
c ❑ Tu t'assois dans la salle d'attente en soupirant : « Vraiment pas de chance aujourd'hui ! »

4 Tu es invité(e) chez un(e) camarade qui te propose de jouer à un jeu de société. Que choisis-tu ?

a ❑ Faire un château de cartes.
b ❑ Jouer dehors parce que les jeux de société t'agacent.
c ❑ Jouer aux dames.

5 À l'école, en travaux manuels, vous apprenez à faire un pliage compliqué.

a ❑ Tu es allé(e) trop vite, ton pliage n'est pas réussi. Tu n'as pas très envie de recommencer.
b ❑ Au premier « faux pli », tu froisses nerveusement la feuille et tu suggères à la maîtresse de faire du bricolage la prochaine fois.
c ❑ Tu prends ton temps, tu suis bien les indications de la maîtresse pour être sûr(e) de réussir le pliage.

6 Tu vas acheter du pain et il y a une longue file d'attente chez le boulanger.
- a ❑ Tu essayes discrètement de resquiller une place ou deux.
- b ❑ Tu attends patiemment ton tour.
- c ❑ Tu repars furieux(se) en te disant que, pour une fois, vous vous passerez bien de pain pour manger.

7 Ton stylo à plume n'écrit plus.
- a ❑ Ça t'énerve, tu le piétines et le jettes à la poubelle.
- b ❑ Tu le démontes et tu essayes de voir pourquoi il ne fonctionne plus.
- c ❑ Tu le poses sur ta table et prends un stylo à bille.

8 Il fait beau et tu as projeté d'aller faire une promenade en vélo. Au moment de partir, tu découvres que le pneu avant est dégonflé.
- a ❑ Tu entreprends de réparer le pneu en maudissant ce vélo qui est toujours en panne au mauvais moment.
- b ❑ Tu répares soigneusement le pneu en pensant que c'est une chance qu'il n'ait pas crevé en route.
- c ❑ Un coup de pied dans ce satané vélo et tu rentres chez toi pour regarder la télévision.

2 Entoure le nombre de points correspondant aux réponses que tu as cochées dans le test. Reporte tes points dans la colonne de droite du tableau. Calcule ton total et compare-le aux résultats du test dans les corrigés.

questions	réponses			tes points
	a	b	c	
1 ______	3 points ____	2 points ____	1 point ____	______
2 ______	2 points ____	3 points ____	1 point ____	______
3 ______	1 point ____	3 points ____	2 points ____	______
4 ______	3 points ____	1 point ____	2 points ____	______
5 ______	2 points ____	1 point ____	3 points ____	______
6 ______	2 points ____	3 points ____	1 point ____	______
7 ______	1 point ____	3 points ____	2 points ____	______
8 ______	2 points ____	3 points ____	1 point ____	______
			ton total :	______

7 La bonne affirmation (2)

À toutes vitesses !

Animaux terrestres

Vitesses de pointe (en km/h)

guépard	112 km/h	zèbre	65 km/h	chameau	24 km/h
antilope	100 km/h	ours	50 km/h	mouton	24 km/h
autruche	80 km/h	sanglier	48 km/h	porc	18 km/h
cerf	78 km/h	éléphant	45 km/h	belette	12 km/h
cheval	77 km/h	loup	45 km/h	rat	9,5 km/h
chevreuil	75 km/h	rhinocéros	45 km/h	souris	6,5 km/h
lévrier	68 km/h	chien	42 km/h	taupe	4 km/h
gazelle	65 km/h	dromadaire	41 km/h	tortue	2 km/h
girafe	65 km/h	homme	40 km/h	escargot	0,05 km/h

Animaux marins

Vitesses de pointe (en km/h)

Le requin nage à 30 km/h, mais peut atteindre 80 ou 100 km/h.

espadon	90 km/h
thon	80 km/h
dauphin	50 km/h
manchot	45 km/h
saumon	30 km/h
truite	10 km/h

Projectiles

obus	5 814 km/h
balle de fusil	300 à 1 000 km/h
flèche	360 km/h
balle de golf	273 km/h
balle de tennis	221 km/h

Moyens de transport

avion de chasse	3 395 km/h
Concorde	2 333 km/h
hélicoptère	557,8 km/h
hors-bord	459 km/h
paquebot	65,8 km/h
voilier	51 km/h
sous-marin	37 km/h

Quelques vitesses peu connues

Vitesse des glaciers : dans les Alpes, leur vitesse moyenne est de 10 à 200 m/an. Il faut 100 ans à la glace qui se forme au sommet pour atteindre le fond de la mer de Glace. Au Groenland, les glaciers se déplacent de 8 km/an environ, soit 20 m/jour.

Vitesse des déserts : la progression annuelle mondiale des zones désertiques est de 5 ou 6 millions d'hectares.

Vitesse des éclairs : elle varie de 160 à 1 600 km/s dans leur trajectoire vers le sol. Elle atteint 140 000 km/s lors de son coup de retour.

D'après Christine Grunenwald, *Les Records de vitesse*, Nathan, 1988.

Voici des affirmations. À toi de dire si elles sont vraies ou fausses en t'aidant du document « À toutes vitesses ! »

		vrai	faux
a	Une antilope court moins vite qu'un cheval.	❏	❏
b	La girafe peut courir à plus de 60 km/h alors qu'un homme n'atteint que les 40 km/h.	❏	❏
c	Un hors-bord atteint une vitesse de 459 km/h ; c'est plus rapide que la vitesse d'un hélicoptère, mais moins rapide qu'un avion de chasse.	❏	❏
d	Une balle de golf est plus rapide qu'une balle de tennis, mais moins rapide qu'une flèche.	❏	❏
e	Les glaciers se déplacent plus vite dans les Alpes qu'au Groenland.	❏	❏
f	Une flèche ne va pas moins vite qu'une balle de golf.	❏	❏

Compte tes **bonnes réponses** ____ puis colorie les pastilles : ◯◯◯◯

Plus de 4 → 4 pastilles	4 → 3 pastilles	3 → 2 pastilles	moins de 3 → 1 pastille

je m'entraîne à résumer

Colorie, dans le public, la personne qui correspond à la description du magicien.

1 Le bon titre (1)

Lis chaque groupe de phrases. Coche ensuite le titre qui les résume le mieux.

a La vitesse des gouttes de pluie dépend de leur taille.
Les petites gouttes de la bruine tombent à 3 ou 4 km/h.
Les grosses gouttes de l'averse tombent à 30 ou 40 km/h.

❑ Il pleut, il mouille !
❑ La vitesse des gouttes de pluie
❑ Bruine et averse

b Au Mont-Saint-Michel, lors des grandes marées, la mer monte à 30 km/h.
Elle parcourt ainsi 20 km en quarante minutes.
On dit alors qu'elle avance à la vitesse d'un cheval au galop.

❑ La vitesse de la mer au Mont-Saint-Michel
❑ La vitesse d'un cheval
❑ À quelle vitesse la mer monte-t-elle ?

c Un raz-de-marée est provoqué par un tremblement de terre sous-marin.
Lors d'un raz-de-marée, les vagues peuvent atteindre 30 m de haut !
Le raz-de-marée peut avancer à 700 km/h, c'est-à-dire 200 m à la seconde !

❑ Un raz-de-marée, à quoi ça sert ?
❑ Où voit-on des raz-de-marée ?
❑ Un raz-de-marée, qu'est-ce que c'est ?

d Le Gulf Stream est un courant qui traverse l'océan Atlantique.
Ce courant avance dans l'océan à 5 km/h.
Grâce au Gulf Stream, les voiliers peuvent raccourcir de quinze jours la durée du trajet Amérique-Europe.

❑ Un voilier bien rapide !
❑ Un courant bien pratique !
❑ Le courant

Compte tes **bonnes réponses** ______ puis colorie les pastilles : ○○○○

4 → 4 pastilles	3 → 3 pastilles	2 → 2 pastilles	1 → 1 pastille

2 Autrement dit (1)

Chaque couple de phrases raconte la même chose, mais d'une manière différente. Cependant, dans la deuxième phrase, il y a des informations supplémentaires. Souligne-les.
Le premier couple de phrases est donné en exemple.

Ludwig Van Beethoven

a
Ludwig Van Beethoven est né en 1770 en Allemagne.
C'est en 1770, dans une modeste maison d'Allemagne, qu'est né Ludwig Van Beethoven.

b
Son père veut lui apprendre à jouer du piano, il lui fait donc quitter l'école très jeune.
Très jeune, il quitte l'école, car son père, qui est musicien à la Cour, veut lui apprendre à jouer du piano.

c
À trente ans Ludwig Van Beethoven est déjà considéré comme un très grand musicien, malheureusement un terrible mal va l'atteindre.
Ludwig Van Beethoven a trente ans, il est déjà considéré comme un très grand musicien, hélas il va être frappé par un mal terrible : il est en train de devenir sourd.

d
Malgré sa surdité, Beethoven continue de composer des sonates, des symphonies, des opéras jusqu'à la fin de sa vie.
En dépit de sa surdité et de problèmes visuels, jusqu'au bout, Beethoven continue de composer sonates, symphonies et opéras.

e
Ludwig Van Beethoven est le premier musicien à avoir laissé parler ses sentiments dans sa musique ; comme lui, sa musique peut être tourmentée, coléreuse, tendre…
La musique de Ludwig Van Beethoven peut être tourmentée, tendre, coléreuse… Contrairement à celle des musiciens classiques qui cachent leurs sentiments, c'est la première à exprimer les sentiments de son auteur.

f
En 1802, Beethoven entend encore les mots, mais ne les comprend plus. « Il n'entend plus que les voyelles ! »
Son mal empire, nous sommes en 1802, bien qu'il parvienne encore à les entendre, il ne comprend plus les mots. « Les consonnes ont disparu, il n'entend plus que les voyelles ! »

Compte tes bonnes réponses ____ puis colorie les pastilles : ○○○○

Plus de 4 → 4 pastilles	4 → 3 pastilles	3 → 2 pastilles	moins de 3 → 1 pastille

3 À chaque dialogue son résumé

Lis chaque dialogue. Coche ensuite la phrase qui le résume.

a « Ça c'est bien passé à l'école, Victor ? m'a demandé maman.
– Non, pas trop. J'ai la tête qui tourne.
– Un peu de fatigue, sans doute, dit-elle en me mettant la main sur le front. Tu n'as pas de fièvre… »

❑ Victor, en rentrant de l'école, n'est pas en forme, mais sa mère lui dit qu'il n'a pas de fièvre, qu'il est juste fatigué.
❑ En rentrant de l'école, Victor a la tête qui tourne ; aussitôt sa mère lui met la main sur le front et constate qu'il a de la fièvre.

b « Et si on faisait un gâteau ? propose Fanny. Il y a tout ce qu'il faut : des œufs, du beurre, de la farine, du lait…
– Tu sais comment faire un gâteau, toi ? demande Martin.
– Non, mais avec un livre de cuisine, on pourra se débrouiller !
– D'accord, mais pour allumer le four, s'inquiète Martin, tu ne crois pas qu'il serait prudent d'attendre le retour de ta maman ? »

❑ Fanny propose à Martin de faire un gâteau, avec des œufs, du beurre, de la farine, du lait qu'elle mélange aussitôt, mais Martin lui conseille d'attendre le retour de sa maman pour allumer le four.
❑ Fanny propose à Martin de faire un gâteau à l'aide d'un livre de cuisine, mais son ami se demande s'il est bien prudent d'allumer le four en l'absence de sa maman.

c « Comment ça se passe, chez toi ? demanda Tom.
– Plutôt bien, répondit Sam. J'ai ma ration de croquettes tous les jours et du poisson frais deux fois par semaine. Et j'ai même le droit de dormir sur leur lit.
– Moi, j'ai moins de chance que toi, reprit Tom. Ma maîtresse oublie parfois de remplir ma gamelle et mon maître me fiche dehors dès la nuit venue… »

❑ Deux enfants parlent de leur vie : l'un est heureux, l'autre beaucoup moins.
❑ Deux chats parlent de leur vie : l'un est heureux, l'autre beaucoup moins.

2 points par réponse. Compte tes points ____ puis colorie les pastilles : ○○○○

Plus de 4 → 4 pastilles	4 → 3 pastilles	3 → 2 pastilles	moins de 3 → 1 pastille

4 Le bon résumé

Relis attentivement « Le monstre » pages 24-25 puis, sans revenir au texte, coche le résumé qui convient.
Barre ce qui est faux dans les deux autres.

❑ Résumé 1

Un monstre qui venait de se réveiller d'un très long sommeil se retrouva dans un monde qu'il ne reconnaissait pas. Il rencontra une sorcière occupée à taper sur un jeu électronique et voulut lui faire peur. Mais la sorcière ne fit pas attention à lui, ce qui amusa beaucoup le monstre. Il rencontra ensuite une petite fille déguisée en extraterrestre et essaya également de la faire rire. Mais la petite fille le détailla de la tête aux pieds et ne voulut pas croire qu'il était un monstre. Il essaya de faire peur à deux autres filles encore, mais il n'y arriva pas. Alors le monstre piqua une colère, cassa tout autour de lui puis s'assit dans un coin et s'endormit.

❑ Résumé 2

Un monstre qui venait de se réveiller d'un très long sommeil se retrouva dans un monde qu'il ne reconnaissait pas. Il rencontra un garçon occupé à taper sur un jeu électronique et voulut lui faire peur. Mais le garçon ne fit pas attention à lui, ce qui vexa beaucoup le monstre. Il rencontra ensuite une petite fille déguisée en extraterrestre et essaya également de lui faire peur. Mais la petite fille ne voulut pas croire qu'il était un monstre. Il essaya de faire peur à deux autres garçons encore, mais l'un n'avait pas le temps et l'autre lui dit que les monstres n'existaient pas. Alors le monstre piqua une colère, cassa tout autour de lui, puis se calma et se mit à pleurer.

❑ Résumé 3

Un monstre qui venait de se réveiller d'un très long sommeil se retrouva dans un monde qu'il ne reconnaissait pas. Il rencontra d'abord un garçon qui avait beaucoup de devoirs et voulut lui faire peur. Mais le garçon ne fit pas attention à lui, ce qui vexa le monstre. Il rencontra ensuite une petite fille et essaya également de lui faire peur. Mais la petite fille n'avait pas le temps de lui parler. Il voulut faire peur à deux autres garçons encore, mais l'un n'avait pas le temps et l'autre lui dit que les monstres n'existaient pas. Alors le monstre piqua une colère, cassa tout autour de lui, puis se calma et se mit à pleurer.

Compte tes bonnes réponses ______ puis colorie les pastilles : ○○○○

Plus de 6 → 4 pastilles	5 ou 6 → 3 pastilles	3 ou 4 → 2 pastilles	moins de 3 → 1 pastille

5 L'information principale

Coche la phrase qui te donne l'information principale de chaque texte.

a C'est sur la place Dautrel qu'hier, à l'heure du dîner, les forces de l'ordre ont retrouvé l'adorable petit caniche que Mme Duchamp avait, à son grand désarroi, perdu depuis lundi dernier.

- ❑ Le chien de Mme Duchamp était perdu depuis lundi.
- ❑ Le chien de Mme Duchamp a été retrouvé.
- ❑ Ce sont les forces de l'ordre qui ont retrouvé le chien.

b VENT DE FOLIE SUR LES PRIX DU 5 AU 12 AVRIL DANS VOTRE HYPERMARCHÉ INTERCOURSE : DES PRIX À VOUS COUPER LE SOUFFLE !
INTERCOURSE, ROUTE DE LIMOGES, À CHERNON.

- ❑ Il y aura du vent à Chernon, du 5 au 12 avril.
- ❑ L'hypermarché Intercourse se trouve route de Limoges.
- ❑ Les prix vont être en baisse à Intercourse, du 5 au 12 avril.

c ***Nichée au cœur de la romantique vallée de la Serpente, à 25 kilomètres seulement de la typique cité médiévale de Lornac, l'Auberge du Chevalier vous propose ses trois menus, à déguster dans un cadre enchanteur !***

- ❑ L'Auberge du Chevalier se trouve dans la vallée de la Serpente, à 25 km de Lornac et propose trois menus.
- ❑ On peut manger dans un cadre enchanteur, à l'Auberge du Chevalier.
- ❑ L'Auberge du Chevalier n'est pas loin de Lornac.

d *Chère madame,*
Je suis au regret de vous faire savoir que mon fils Yvan ne pourra se rendre à l'école ce jour en raison d'une violente douleur au pied droit suite à une malencontreuse chute à vélo, mercredi après-midi.
Veuillez agréer, chère madame, l'expression de mes salutations distinguées.
Mme Ducroc

- ❑ Mme Ducroc regrette que son fils se soit fait mal au pied.
- ❑ Mme Ducroc a un fils qui s'est fait mal au pied.
- ❑ Yvan Ducroc ne pourra pas aller à l'école car il a mal au pied.

e **À saisir ! Somptueuse villa tout confort avec vue sur la mer, à quelques minutes du petit port de Cordic ! Prestation de qualité. Prix attrayant. 1 250 000 F seulement !**

❑ Il y a une maison à vendre à un prix attrayant.
❑ Il y a une villa à vendre près de Cordic. Elle vaut 1 250 000 F.
❑ La villa tout confort qui est à vendre à Cordic est somptueuse.

f Mardi 23 juillet
en exclusivité dans votre ville !
☆☆☆ **Le cirque Zigotto** ☆☆☆
un spectacle plein de rire et de fantaisie
pour la joie des grands et des petits !
Venez nombreux !

Parking du supermarché Bon Prix - Route de Paris à Champville

❑ Il y a un spectacle de cirque le 23 juillet à Champville.
❑ Il y a un spectacle de cirque en exclusivité.
❑ Il faut venir nombreux au cirque Zigotto.

g Allavon est en liesse : la deuxième édition du Carnallavon, le carnaval d'Allavon a connu un immense succès. De 2 000 à 3 000 personnes ont parcouru les rues de la ville hier, dans une profusion de confettis, en musique et au milieu de chars merveilleusement décorés !

❑ Au carnaval d'Allavon, il y a eu beaucoup de confettis.
❑ Le carnaval d'Allavon a eu un grand succès.
❑ C'est la deuxième année qu'il y a un carnaval à Allavon.

Compte tes bonnes réponses ____ puis colorie les pastilles : ○○○○

Plus de 5 → 4 pastilles	4 ou 5 → 3 pastilles	3 → 2 pastilles	moins de 3 → 1 pastille

1 Le paquet vide

Parmi ces paquets, un seul est vide. Trouve lequel en t'aidant de ces informations.

Son numéro n'est pas un nombre impair,
il est plus petit que 10, et si on le multiplie par 4,
il est plus grand que 24.

Le paquet vide est le paquet n° ____

Retourne ton cahier pour lire la réponse.

2 Devinettes

1. Qu'est-ce qui est plus grand que la tour Eiffel, mais ne pèse rien ?

2. Dans quelle lettre trouve-t-on du fromage, du lait et du beurre ?

Retourne ton cahier pour lire les réponses.

3 Du plus long au plus petit

Aide-toi des informations ci-dessous pour ranger ces animaux marins du plus long au plus petit.

l'orque - le requin baleine - le régalec - l'éléphant de mer - la baleine bleue.

La baleine bleue est plus longue que l'orque, mais l'orque est plus long que l'éléphant de mer. Le requin baleine est plus petit que la baleine bleue, mais plus long que l'orque. Le régalec est plus petit que l'orque, mais plus long que l'éléphant de mer.

Réponses : 1. n° 8 ; 2. 1. Son ombre - 2. i (la lettre « i » : la laiterie) ; 3. Baleine bleue - requin baleine - orque - régalec - éléphant de mer.

6 Autrement dit (2)

Lis le texte en italique, puis les deux textes qui suivent. Coche ensuite celui qui te donne des informations supplémentaires. Souligne ces informations.

Victor Hugo

a *En 1802, à Besançon, un petit bébé fragile vient de naître ; son prénom est Victor, son nom de famille, Hugo.*

❏ Victor Hugo est né en 1802 à Besançon ; c'était un petit bébé fragile.
❏ Victor Hugo, petit bébé fragile, naît à Besançon en février 1802.

b *En 1830, Victor Hugo écrit son premier grand roman historique,* Notre-Dame de Paris, *dont l'héroïne fait pleurer des milliers de lecteurs.*

❏ Publié en 1830, *Notre-Dame de Paris* est le premier grand roman historique de Victor Hugo. Son héroïne, Esméralda, a fait pleurer des milliers de lecteurs.
❏ L'héroïne de *Notre-Dame de Paris*, le premier grand roman historique de Victor Hugo, a fait pleurer des milliers de lecteurs.

c *En 1851, Napoléon III condamne Victor Hugo à l'exil. Hugo doit quitter la France. Il s'installe sur l'île de Jersey, puis à Guernesey. C'est là qu'il écrit* Les Misérables.

❏ Condamné à l'exil par Napoléon III en 1851, Victor Hugo quitte la France et s'installe sur l'île de Jersey puis à Guernesey où il rédige *Les Misérables*.

❏ En 1851, Victor Hugo s'installe sur l'île de Jersey, puis à Guernesey après avoir quitté la France, car Napoléon III vient de le condamner à l'exil. C'est là qu'il écrit son roman *Les Misérables* qui aura un succès inouï.

d *Le 19 mai 1885, Victor Hugo écrit* Aimer, c'est agir *; le 22 mai de la même année, il murmure à ses petits-enfants « Je vois de la lumière noire » puis il meurt. Il avait alors 83 ans.*

❏ Victor Hugo écrit sur une feuille volante *Aimer, c'est agir*. Nous sommes le 19 mai 1885. Le 22 mai de la même année, il meurt après avoir dit à Georges et Jeanne, ses petits-enfants : « Je vois de la lumière noire. » Le plus grand poète du XIXe siècle vient de s'éteindre à l'âge de 83 ans.
❏ *Aimer, c'est agir,* voici ce qu'écrivit Victor Hugo le 19 mai 1885, quelques jours avant de mourir. Le 22 mai, avant de s'éteindre, il murmure à ses petits-enfants : « Je vois de la lumière noire. »

Compte tes bonnes réponses ______ puis colorie les pastilles : ○○○○

Plus de 7 → 4 pastilles	6 ou 7 → 3 pastilles	4 ou 5 → 2 pastilles	moins de 4 → 1 pastille

hôtel BRENNUS

tél. : 03 85 64 04 40
fax. : 03 85 65 44 10

Vous accueille dans un cadre rénové

Charmante demeure du XIXe siècle au centre-ville, 25 chambres calmes de grand confort (TV, Canal +, satellite, téléphone)

• Parking privé •
• Salle de réunion (30 personnes) •

Ets VILLEBENOÎT

Les spécialistes du vélo… et accessoires…

54, rue du Général-Leclerc SENON
✆ **03 85 95 70 10** • Fax 03 85 95 70 11

Visite guidée :
tous les après-midi
du 15/06 au 13/09
Tous les dimanches après-midi
du 01/05 au 25/12
Le reste de l'année : Tél. 05 72 75 91 13

Venez découvrir…

LA CITÉ DE L'ABEILLE

Alain & Évelyne BENIN
VISCOMTEL

RUCHES VITRÉES • MIELLERIE
DIAPORAMA • RUCHER D'INTÉRIEUR
EXPO RUCHES ANCIENNES
DÉGUSTATION PRODUITS DE LA RUCHE
TARTINERIE : SPÉCIALITÉS AU MIEL

HÔTEL** RESTAURANT*

La Croix Blanche

LOGIS DE FRANCE

Lionel Suchot

L'étape des gourmets

Mariages, banquets, séminaires

terrasse ombragée,
jardin, parking fermé

9, rue Victor-Guichard 89500 SENON
Tél. 03 85 64 00 02 • Fax 03 85 65 29 19

UNIQUE À VILLEBENOÎT

LE MUSÉE DU VÉLO

Ouvert 7 jours sur 7
54, rue du Maréchal Foch

7 La même information

Cherche si chaque texte donne les mêmes informations ou moins d'informations que la publicité à laquelle il correspond. Coche la bonne réponse. Entoure sur la publicité les informations qui n'ont pas été reprises par le texte.

a Si vous souhaitez passer une nuit dans une belle demeure du XIXe siècle située au centre-ville, téléphonez au 03.85.64.04.40 ou envoyez un fax en composant le 03.85.65.44.10. Nos 25 chambres sont équipées d'un téléphone et d'un téléviseur. Notre hôtel possède également un parking privé.

❑ les mêmes informations ❑ moins d'informations

b Les établissements Villebenoît, spécialistes du vélo et de ses accessoires, vous accueillent 54, rue du Général-Leclerc à Senon. Vous pouvez les joindre par téléphone au 03.85.95.70.10 ou par fax au 03.85.95.70.11.

❑ les mêmes informations ❑ moins d'informations

c Lionel Suchot vous accueille dans son restaurant La Croix Blanche (*), 9, rue Victor-Guichard à Senon (89500), pour mariages, banquets, séminaires. La terrasse ombragée, le jardin et le parking fermé font de ce restaurant l'étape des gourmets. La Croix Blanche est classée « Logis de France ».

❑ les mêmes informations ❑ moins d'informations

d Venez découvrir la cité de l'abeille à Viscomtel. Alain et Évelyne Benin vous feront visiter les ruches vitrées, la miellerie, le rucher d'intérieur. Vous pourrez assister à un diaporama et déguster les produits de la ruche. Les visites guidées ont lieu tous les après-midi du 15 juin au 13 septembre.

❑ les mêmes informations ❑ moins d'informations

e Unique : Villebenoît et son musée du Vélo vous accueille tous les jours de la semaine au numéro 54 de la rue Maréchal Foch.

❑ les mêmes informations ❑ moins d'informations

Compte tes bonnes réponses ______ puis colorie les pastilles : ◯◯◯◯

Plus de 6 → 4 pastilles	5 ou 6 → 3 pastilles	3 ou 4 → 2 pastilles	moins de 3 → 1 pastille

PETITES ANNONCES

IMMOBILIER LOCATIONS OFFRE

1 À louer, centre-ville, maison 2 pièces cuisine. 2 200 F.

2 Loue appartement 2 pièces cuisine, centre-ville. 1 400 F/mois. Animaux non acceptés.

3 Appartement 5 pièces, à louer, du 1er au 31 juillet, dans les Alpes. 6 000 F.

4 À louer pré avec eau, à 28 km de St-Florenteau. Conviendrait pour cheval.

5 Location de garages, proximité du centre-ville, 300 F par mois.

6 À louer salon de coiffure, équipement moderne, loyer modéré.

7 Appartement 2 pièces cuisine, dans petit village. 1 200 F/mois. Conviendrait à célibataire.

8 Particulier loue, juillet ou août, maison 5 pièces à La Baule, vue sur la mer. 7 900 F/mois.

9 Garage à louer, à 5 min du centre-ville. 200 F par mois.

VENTES MAISONS / TERRAINS

10 Vends pavillon 7 pièces, centre-ville, sans jardin. 650 000 F.

11 À vendre, maison bord de mer, 4 pièces, 800 000 F.

12 Particulier vend maison ancienne, 7 pièces, centre-ville, grand jardin. 750 000 F.

13 Urgent, à vendre salon de beauté dans petite ville proche de Perpignan.

14 Vends, cause cessation d'activité, salon de coiffure. 250 000 F.

15 À vendre maison ancienne, 7 pièces, cour devant, jardin derrière, située au centre-ville. 795 000 F.

16 Vends maison avec garage, près du centre-ville, 320 000 F.

17 Vends terrain à bâtir, à 3 km du village de Serbat, 80 000 F.

18 À vendre, près du village de Vachel, terrain à bâtir, bien situé, 1 800 m^2, 42 000 F.

19 Vends pavillon tout confort, 7 pièces, petit jardin, centre-ville, 710 000 F.

8 À chacun sa petite annonce

**Cherche dans les petites annonces de la page 92 celle qui correspond à chacune des demandes ci-dessous.
Attention, plusieurs annonces peuvent correspondre à la même demande.**

a M. et Mme Rocher ont quatre enfants. Ils sont à la recherche d'une maison ancienne ou d'un pavillon de 7 pièces, dans le centre-ville, avec jardin. Ils ne voudraient pas dépenser plus de 800 000 F.
Annonce(s) n° ____

b M. Caldet est célibataire. Il a un chien et il cherche à louer un appartement de deux pièces, cuisine. Il ne veut pas que son loyer dépasse 2 000 F. Ça lui est égal que l'appartement soit en ville ou à la campagne.
Annonce(s) n° ____

c Mme Oriat souhaite acheter un terrain pour y bâtir une maison. Elle ne voudrait pas dépenser plus de 70 000 F. Elle tient absolument à ce que ce terrain se situe à la campagne.
Annonce(s) n° ____

d M. et Mme Lépicier voudraient bien trouver un garage à louer près du centre-ville. Comme ils payent déjà un loyer de 3 200 F par mois pour leur maison, ils ne voudraient pas dépenser plus de 200 F par mois pour ce garage.
Annonce(s) n° ____

e Mme Duclochet a envie de passer le mois de juillet au bord de la mer avec ses deux enfants. Elle cherche donc une maison ou un appartement à louer, de préférence avec vue sur la mer, de 4 pièces au moins et d'un loyer maximum de 8 000 F.
Annonce(s) n° ____

f M. Zéphiryn, jusque-là employé chez Nath'coiffure, a décidé de s'acheter son propre salon de coiffure pour s'y installer à son compte.
Annonce(s) n° ____

g M. et Mme Limo ont acheté récemment un cheval. Il leur faudrait trouver un pré à louer, avec un point d'eau, qui ne soit pas trop éloigné de la ville de St-Florenteau, où ils habitent (moins de 50 km).
Annonce(s) n° ____

Compte tes bonnes réponses ____ puis colorie les pastilles : ○○○○

Plus de 7 → 4 pastilles	6 ou 7 → 3 pastilles	4 ou 5 → 2 pastilles	moins de 4 → 1 pastille

9 Le bon titre (2)

Écris le titre qui convient pour chaque paragraphe. Aide-toi de la liste ci-dessous.
Attention, il y a deux titres de trop dans la liste.

Tissu ou papier peint ?
Au bain !
En sécurité autour de la cheminée
Gare au déménageur !
Les plus riches
Morts de froid
Petits ramoneurs
Au cabaret, on y danse !
Misère à l'étage
Attention, travaux !
À l'eau, à l'eau !

La vie à Paris sous la Révolution

a ______________________________

Quelques privilégiés, nobles et bourgeois, habitent dans d'agréables demeures. Mais la plupart des Parisiens sont logés dans des maisons souvent délabrées, sales et humides. Les plus riches vivent en bas, les plus pauvres s'entassent dans les étages.

b ______________________________

Une tenture recouvre les murs des logements, même les plus pauvres. Elle cache la misère et protège un peu de l'humidité. Les plus riches préfèrent le papier peint.

c ______________________________

Les loyers sont chers et ne cessent d'augmenter. Une famille entière vit souvent dans une seule pièce. Il est parfois impossible de payer le loyer ; il faut alors s'en aller rapidement ! Le déménageur, ses « crochets » sur le dos, attend dans la rue les mauvais payeurs. Il a vite fait de transporter ailleurs leur mobilier.

d ______________________________

L'eau courante n'existe pas encore dans les maisons. Quelle corvée d'aller chercher de l'eau à la fontaine ! Heureusement, 20 000 porteurs d'eau sillonnent Paris, et livrent à domicile de quoi faire la soupe ou un brin de toilette !

e ______________________________

Les poux sont sur toutes les têtes ! Pauvre ou riche, on ne se lave pas souvent, on craint les refroidissements. Quelques rares personnes possèdent une baignoire, comme Marat qui y soignait ses démangeaisons.

f ______________________________

Se promener à Paris, la nuit tombée, n'est pas rassurant. Les lanternes à bougie et quelques lampadaires à huile éclairent faiblement les rues sombres. À l'abri chez eux, les Parisiens allument des chandelles et se réchauffent autour de la cheminée où mijote la soupe.

g ______________________________

Le bois de chauffage arrive à Paris en flottant sur la Seine. En 1795, l'hiver est glacial, la Seine gèle, emprisonnant le bois. Dans la capitale, plusieurs personnes meurent de froid.

h ______________________________

Ramoner les cheminées est la spécialité des enfants savoyards. Pour 5 sous, ils s'engouffrent comme des acrobates dans le conduit étroit des cheminées pour les nettoyer, ils en redescendent essoufflés et tout noirs de suie.

i ______________________________

Les habitants des quartiers pauvres vont beaucoup dans les cabarets, plus confortables que leurs taudis. Dans la fumée du tabac, on y boit, on y mange, on y chante et on y danse.

D'après *1789 Sur les pavés de Paris,* Sylvie Girardet, Cl. Merleau-Ponty, Anne Toudy, Monde en Poche, Nathan.

Compte tes **bonnes réponses** ______ puis colorie les pastilles : ○○○○

Plus de 7 → 4 pastilles	6 ou 7 → 3 pastilles	4 ou 5 → 2 pastilles	moins de 4 → 1 pastille

Édition : Karine Le Forestier
Coordination artistique : Léa Verdun
Conception et réalisation : Esperluette
Illustrations : Paul Beaupère
Saisie : Françoise Thibaud

N° d'éditeur : 10118602 - Dépôt légal : Octobre 2004
Achevé d'imprimer en France sur les presses de JOUVE, Paris - N° 357273S